Scènes de la vie juive en Alsace

# Scènes de la vie juive en Alsace

## Récit historique

Daniel Stauben

Editions Le Mono

ISBN : 978-2-36659-681-6
EAN : 9782366596816

# Chapitre I[1]

Légendes, mariages et funérailles

## I

Il y a peu de mois, l'invitation d'un vieil ami me conduisit en Alsace, dans un village israélite, au milieu de scènes que j'avais pu contempler dès mon enfance, mais où s'alliait pour moi le charme du souvenir à une sorte de nouveauté. Grâce à un singulier hasard, je pus observer durant ces quelques jours non seulement les types les plus curieux de la société israélite des campagnes de l'Alsace, mais les solennités les plus caractéristiques de la vie juive. À la fête religieuse du vendredi soir et du sabbat succédèrent les cérémonies d'un mariage, puis celles des funérailles. Tous ces tableaux se développeront dans l'ordre où ils se sont offerts, sans que l'imagination ait aucune part dans la disposition des divers incidents que j'ai à raconter.

Le village de Bolwiller, habité par une nombreuse population israélite, est situé à peu de

---

[1] Daniel Stauben, de son vrai nom Auguste Widal, est né en 1822 dans le Haut-Rhin. Universitaire et professeur de lettres, cet ouvrage regroupe ses récits publiés en 1857.

distance de Mulhouse. Là vit le père Salomon, beau vieillard de soixante-dix ans, à la figure pleine de finesse et de bonhomie. C'est le père Salomon qui devait être mon hôte, et c'est un vendredi que je quittai Mulhouse pour me rendre à Bolwiller. J'eus soin de ne me mettre en route qu'assez tard dans l'après-midi, afin de n'arriver que vers quatre heures à Bolwiller. J'évitais ainsi de tomber d'une façon incongrue au milieu des préparatifs du sabbat, car le vendredi il y a double besogne pour la population féminine d'un village israélite. La loi mosaïque ne permettant pas de toucher au feu le samedi, il faut apprêter non-seulement les mets du soir, mais ceux du lendemain. Je savais encore que si la matinée du vendredi est laborieuse, la soirée est un de ces rares moments de trêve où une population israélite révèle avec une complète franchise l'esprit qui l'anime. Avec les derniers rayons du soleil du vendredi s'évanouissent chez ces bonnes gens toutes les préoccupations, tous les chagrins, toutes les misères de la semaine. Le *char des soucis*, qui, disent-ils, traverse chaque nuit les hameaux pour laisser au pauvre la ration des peines du lendemain, ce char, douloureux symbole de la vie rustique, s'arrête le vendredi à l'entrée de chaque village, et ne s'ébranle de nouveau que le lendemain au soir.

J'arrivai donc à Bolwiller un vendredi, justement à *l'heure du sabbat*. On appelle ainsi l'heure qui précède la réunion à la synagogue, l'heure où les jeunes filles réparent leur toilette, un peu dérangée par les travaux extraordinaires de la journée. À cette heure aussi les pères de famille attendent tout habillés, moins la redingote, le signal qui les appelle au temple ; ils emploient leurs loisirs à préparer, en les brûlant par le bout, les mèches de cette lampe à sept becs, — image plus ou moins parfaite du fameux chandelier à sept branches qui se retrouve inévitablement dans toutes les familles Israélites des villages de l'Alsace, et qu'on fabrique exprès pour elles. À mesure que je montais la grande rue, je voyais dans plusieurs maisons s'allumer des lampes de ce genre. Soudain trois coups secs, frappés avec un marteau de bois de distance en distance, tantôt sur un volet, tantôt sur une porte cochère, par le *Schuleklopfer* en grande tenue, firent autant d'effet que la plus bruyante des cloches sonnant à toute volée. Aussitôt sortirent pour se rendre à la synagogue des groupes d'hommes et de femmes vêtus de leur costume du samedi. Ce costume est particulier aux villageois israélites. Celui des hommes se compose d'un large pantalon de drap noir qui recouvre presque entièrement de grosses bottes huilées, d'une énorme redingote bleue à la taille très courte, au collet et

9

aux revers démesurément développés, d'un chapeau étroit à la base, s'élargissant vers le haut, et d'une chemise de toile grossière, mais blanche, se terminant par deux cols tellement formidables qu'ils cachent presque entièrement la figure, tellement empesés que, pour regarder de côté ou d'autre, ces braves gens décrivent des demi-tours à droite ou à gauche. Les femmes portent une robe de couleur foncée, un grand châle rouge orné de palmes vertes, un bonnet de tulle chargé de rubans rouges. Un bandeau de velours tient la place des cheveux, qui sont, depuis le jour du mariage, soigneusement refoulés. La parure se complète par un beau rituel, édition Redelheim, magnifiquement relié en maroquin vert, et que chacune des fidèles étale majestueusement sur son abdomen.

Bientôt je me trouvai seul dans la rue. Aller directement chez mon hôte, je l'eusse fait volontiers ; mais de quel front entrer un vendredi soir dans une maison israélite de village sans avoir passé par la synagogue ? J'y courus, un peu honteux, je l'avoue, de mon retard. Mon hôte, que je rencontrai au seuil du temple, parut s'apercevoir de mon embarras. S'avançant vers moi et me tendant la main, accompagnée du cordial *salem alechem* d'usage : — Rassurez-vous, mon cher Parisien, me dit-il, vous n'êtes point en retard. Vous sachant en route, j'ai prié le chantre de patienter

quelques instants, et de ne pas entonner le *Boï Besalem* avant votre arrivée, dont je ne doutais pas.
— Je ne fus pas insensible à ce trait de courtoisie religieuse, et j'en remerciai mon hôte.

La maison du père Salomon, comme toutes les maisons de la localité, était composée d'un rez-de-chaussée servant de magasin, et d'un premier étage habité par la famille. Un escalier étroit, presque perpendiculaire, parsemé de sable rouge et éclairé par une sorte de girandole en fer-blanc fixée au mur, nous conduisit à la porte de face, ornée de deux larges *mezouzas*. Mon hôte était père de famille : sa femme vint à moi, précédant deux jolies filles à l'œil et aux cheveux très noirs, et trois vigoureux gars. Toute cette couvée m'accueillit en riant. Dans les villages d'Alsace, c'est toujours en riant qu'on reçoit les hôtes, surtout si l'on craint qu'ils ne vous parlent en français. De cette façon, tout en se montrant gracieux, on gagne du temps. La précaution était bien inutile avec moi, qui me pique autant que pas un de parler dans toute sa correction notre incorrect, mais fin et pittoresque patois judaïco-alsacien.

Pendant que le père Salomon chantait avec ses fils le *Malke Salem*, écouté par le reste de la famille dans un religieux silence, je promenais mes regards autour de moi. Je considérais avec bonheur tous ces objets qui sont à peu près les mêmes dans toute

11

maison israélite aisée, objets que j'avais vus si souvent dans mon enfance, et qui avaient gardé leur primitive simplicité : la lampe de rigueur suspendue au plafond ; une table toute servie, mais recouverte d'une perse rouge dont la protubérance trahissait, près du gros fauteuil en cuir, la présence des deux pains blancs commandés pour le vendredi soir. Dans un coin, une fontaine avec bassin en cuivre rouge reposait sur un pied en bois de couleur verte, dont la partie inférieure, formant armoire, était exclusivement destinée à serrer le rituel et quelques livres talmudiques. Sur un côté du mur, le côté du levant, on remarquait une grande feuille de papier blanc encadrée avec un soin particulier, et où se lisait le mot hébreu : *Mizrack*, c'est-à-dire *orient*. Le *mizrach* indique aux étrangers, — c'est une prévenance comme une autre, — le point cardinal où il est ordonné de se tourner pour prier l'Éternel. Deux gravures représentaient, l'une Moïse, au front surmonté de deux rayons lumineux, tenant dans sa droite les tables de la loi, dans sa gauche, le bâton classique ; l'autre, le grand-prêtre Aaron, la poitrine et les épaules couvertes du *coschen* et de l'*ephod*, la tête ceinte du turban pontifical. Au-dessus d'une petite glace, une énorme tête de cerf portait alternativement le chapeau ou le bonnet de coton du maître, selon qu'il se trouvait au logis ou dehors.

Après le repas, composé des plats succulents de la cuisine alsacienne, précédé et suivi de prières et de psaumes que les juifs chantent avec des inflexions de voix traditionnelles, le père Salomon m'apprit que son neveu, le fils de son frère Jekel, devait se marier le mercredi suivant avec la fille du *parnass* de Wintzenheim, village situé à une lieue de Colmar. « Mon frère Jekel, que vous verrez demain, vous invitera à la noce. Pour aujourd'hui, nous passerons, en votre honneur, la soirée ici. Êtes-vous toujours, comme autrefois, amateur des récits au coin du feu ? Nous avons ici le voisin Samuel, qui vient souvent passer le vendredi soir avec nous. En voilà un qui sait conter ! Demandez à ma femme et à mes enfants. Je ne sais pas ce qu'il n'a pas lu, ni surtout ce qu'il n'a pas retenu ! Histoires ordinaires, histoires extraordinaires, légendes, aventures, sorcelleries, on n'a qu'à lui secouer la manche pour en faire tomber tout cela. Seulement, mon cher *orech* (hôte), permettez-moi une observation. Vous autres Parisiens, vous croyez peu ou point aux choses surnaturelles. Les opinions sont libres ; mais si Samuel nous raconte une histoire de sorcellerie, n'ayez pas l'air incrédule : autrement il s'arrêterait et se fâcherait ; il est fier à sa façon.

En ce moment, un pas lourd retentit dans l'escalier. La porte s'ouvrit sans qu'on eût frappé.

— Bon samedi, la compagnie ! dit une grosse voix qui était celle de Samuel en personne.

Samuel pouvait avoir cinquante ans. Une large paire de favoris encadrait sa figure intelligente, quoique un peu grosse. Samuel est un de ces types de la campagne, comme il y en a tant en Alsace, et qui sont propres aux rôles les plus divers. Le digne voisin du père Salomon remplissait avec un égal succès les fonctions si différentes et si délicates de chantre suppléant à la synagogue, de garde-malade, de conteur, de barbier, d'agent matrimonial et de commissionnaire.

Le nouveau-venu, qui semblait avoir conscience de sa valeur, s'établit carrément et familièrement à côté du maître de la maison. — Samuel, lui dit mon hôte sans plus de préambule, tu arrives à propos. Puisque tant est qu'on ne peut faire la partie ce soir, tu vas nous raconter quelque histoire, mais quelque chose de bien, qui puisse plaire à monsieur. C'est un ami qui habite Paris.

Samuel me salua de la tête sans toucher à son chapeau. — Je n'ai pas l'habitude de me faire prier, répondit-il ; mais laissez-moi chercher un peu. Voyons ! qu'est-ce que je pourrais bien vous raconter ?

Ici ce fut un véritable assaut livré par l'auditoire tout entier au répertoire et à l'érudition de Samuel. La maîtresse de la maison insista sur la légende de la reine de Saba, traversant à certaines époques le village de Bolwiller à une heure après minuit, assise, les cheveux flottants et vêtue de blanc, sur un char d'or roulant sans attelage. Les deux filles de Salomon prièrent Samuel de leur raconter l'histoire si tragique de la petite Rebecca, qui, pour avoir jeté, un samedi soir, un coup d'œil indiscret à travers la petite fenêtre de sa cuisine, aperçut et entendit mugir le fameux *Mohkolb* couché sous la pierre de l'évier, et mourut de peur. Les fils de mon hôte réclamaient les aventures du vieux Jacob, qui s'égara en allant à la foire de Saint-Dié. Après avoir marché toute la nuit, il s'était trouvé à trois heures du matin au même point d'où il était parti la veille au soir, et fut poursuivi jusque dans sa maison par une troupe d'*hommes de feu* qui laissèrent sur sa porte, comme une sinistre menace, l'empreinte de leurs doigts enflammés. Le père Salomon demanda l'histoire du trop célèbre Nathan, dit *Nathan le Diable*, l'effroi et le scandale de la pieuse communauté de Grusenheim ; Nathan, qui, grâce à ses pactes avec l'enfer, avait, au vu et au su de tout le monde, fait sonner des carillons dans son grenier, pleuvoir des lettres mystérieuses de tous les plafonds et sortir des quatre murs de la salle basse des langues de feu brûlant sans se consumer.

— Tout cela, dit Samuel en se rengorgeant, vous l'avez déjà entendu en tout ou en partie : je vais maintenant vous raconter une histoire bien autrement curieuse, que je n'ai jamais racontée à personne ; je désire même qu'elle reste entre nous, car je ne voudrais pas m'attirer, non plus qu'à vous, quelque mauvais parti.

— Ayant de commencer, dit mon hôte, prends ce verre de vin, Samuel, et trinque avec monsieur.

Puis, se tournant vers la maîtresse de la maison : — *Jedelé*, fais entrer la *femme de samedi*; qu'elle verse de l'huile dans la lampe, qu'elle arrange les mèches et entretienne le feu.

Appuyant ensuite son menton sur ses deux mains et ses coudes sur le livre des psaumes encore ouvert : — Samuel, dit le père Salomon, commence ; on t'écoute.

Samuel vida d'un seul trait son verre de vin, non sans avoir fait d'avance la prière voulue, et enfonça un peu son chapeau, qu'il avait gardé, bien entendu, comme tout le monde ; puis, dans un patois malheureusement intraduisible, il commença en ces termes.


II

« L'histoire que je vais vous raconter remonte un peu haut. Il peut bien y avoir quarante ans qu'elle est arrivée à feu mon grand-père, que vous autres jeunes gens n'avez pu connaître, mais que vous vous rappelez bien, n'est-ce pas, père Salomon ? »

Le père Salomon fit un signe affirmatif.

« Mon grand-père n'était pas riche ; il vivait comme moi, au jour le jour, et comme moi faisait un peu de tout. C'était au fort de l'hiver, un samedi soir, une heure après que la semaine avait commencé. Le gros Hertzel le rencontre et lui dit :
— Bonne semaine.

— Bonne année, répond-il.

— Judel, il y a quelque chose à gagner pour toi.

— Cela me va.

— Il va falloir que tu passes la nuit hors de chez toi.

— Cela m'est égal.

— Voici : ma femme et moi, nous étions attendus lundi matin à Dornach chez mon beau-frère Isaac, à qui, — il y aura après-demain huit jours, — il est né un petit garçon. Nous devions être les parrains ; mais depuis deux jours ma femme est au lit avec la fièvre, et moi je ne peux pas la quitter. Il faut donc que mon beau-frère soit prévenu, afin qu'il ait le temps de se pourvoir de nouveaux parrains. J'ai attendu jusqu'au dernier moment, comme tu vois. Si je jetais une lettre à la poste, elle n'arriverait pas à temps : j'aime mieux te la confier, Judel ; tu la remettras à Isaac. Tiens, voici une pièce de cent sous tout de suite, et quand tu seras de retour, tu en auras une autre.

— C'est convenu.

« Bon ! pensa mon grand-père : d'ici à Dornach il y a huit lieues ; mais, comme je suis bon marcheur, je les ferai en six heures. Six heures pour aller, six heures pour revenir, une heure pour me reposer, ça fait treize ; si je pars maintenant, demain matin, à huit heures au plus tard, je serai de retour, et j'aurai gagné de quoi faire bombance vendredi soir prochain. — Donne-moi mon pantalon garni de cuir, dit-il à ma pauvre vieille grand'mère, mes souliers à double semelle, mes guêtres, ma blouse et le vieux manteau. N'oublie pas les *tephiline*, dont j'aurais besoin pour la prière du matin, que je ferai en route, en revenant ici. — Ma grand'mère lui donna tous ces objets en pleurant.

— Qu'est-ce que tu as à pleurnicher ainsi ? Tu n'aimes donc pas à me voir gagner quelque chose ?

— Si, mais je n'aime pas te voir partir un samedi soir. Je dis qu'il y a du danger à se mettre en route un samedi soir. »

« En cela, ma grand'mère n'avait pas tort : c'est malheureusement le samedi soir qu'*il* fait des siennes, et qu'on entend mugir le *Mohkolb* ; c'est un samedi soir que la servante d'Elie l'aubergiste, qui avait regardé dans la glace, aperçut derrière elle deux yeux enflammés, et reçut d'une main invisible un soufflet qui la défigura ; c'est un samedi soir que le fils de Sara fut enveloppé dans un tourbillon de vent et faillit être emporté par les *schedim*, car il les entendit, sans les voir, sauter et crier autour de lui, et n'en fut délivré qu'en jetant au milieu du rond de poussière son bâton, qu'il releva taché de sang. Enfin ce qui effrayait surtout ma grand'mère, c'est que, pour aller de Bolwiller à Dornach, il fallait traverser un certain petit pré. Or sur ce petit pré il y avait des arbres ; au pied de ces arbres, du gazon ; sur ce gazon, par-ci par-là, de petits ronds où l'herbe ne poussait pas, et l'herbe n'y poussait pas, parce qu'elle était brûlée jusqu'à la racine, et elle était brûlée, parce qu'elle avait été foulée à certaines heures de la nuit. Ceux qui l'avaient foulée étaient les *machschavim*. Mon grand-père n'était pas poltron. — Bah ! dit-il, il n'est pas d'heure dans la nuit où je n'aie voyagé, et je n'ai jamais été mangé par personne. Avant qu'il soit peu, je serai de retour, et puis, avec les cent sous que m'a donnés le gros Hertzel, j'irai acheter des pommes de terre chez notre voisine, qui les vend bien bon marché, chez la vieille Mey.

« C'était, comme je vous l'ai dit, en hiver. On était en février. Le froid était vif. La neige tombée depuis quelques jours s'était gelée contre terre et brillait au loin à la clarté de la lune. Il faisait bon marcher. Mon grand-père chemina pendant plus de cinq heures sans que rien, absolument rien retardât sa marche. « Encore trois quarts d'heure, se disait-il, et je serai arrivé. » En effet, il apercevait déjà le mur blanc qui entoure le petit pré. Au moment où il arrivait près d'un petit pont de pierre qui se trouve en face du mur blanc, onze heures et demie sonnaient â l'horloge de Dornach. Il s'arrêta tout à coup : il lui semblait avoir entendu un bruit étrange ; il se tourna, se retourna, et ne vit rien. Il croyait s'être trompé. Il avançait toujours, et arriva enfin au pied du mur blanc. Il s'arrêta de nouveau. Cette fois il ne s'était pas trompé : il avait surpris comme un mouvement de pieds foulant la terre, el son oreille avait été frappée par des cris sauvages et des éclats de rire. »

Ici Samuel s'interrompit. L'assistance tout entière laissa échapper un *nohn* sur le sens duquel il n'y avait pas à se tromper. En patois allemand-juif, *nohn* est une de ces formules d'impatience qui, traduite en langage ordinaire, signifie à peu près : « Continuez donc, ne vous arrêtez pas en si beau chemin ! Qu'arriva-t-il ? voyons ! après ! »

Le bonhomme, visiblement satisfait, reprit ainsi :

« Par manière de précaution, mon grand-père tira tout doucement de sa poche et de dessous son manteau ses *tephiline*, et tourna crânement l'angle du petit mur, quand il aperçut soudain devant lui…

quoi ?... une vingtaine de vieilles femmes en chemise, les cheveux en désordre, se tenant par la main, dansant en cercle sur la neige, et proférant des mots inconnus avec un bruit épouvantable. Au milieu d'elles, une autre créature du même genre, tournant sur elle-même, tenait dans ses bras amaigris quelque chose comme une poupée qu'elle jetait aux autres, qui l'attrapaient et la relançaient tour à tour. Tout autre que mon grand-père serait resté immobile de frayeur. Pour lui, il ne perd pas son sang-froid : se rappelant ce que lui avait dit, sur la façon de conjurer les apparitions, l'ancien grand rabbin Hirsch, dont vous avez le portrait ici, et qui, comme vous savez, était un grand *balkebole* (docteur en cabales), il prononce une formule qu'il n'a jamais voulu apprendre à personne, pas même à moi, puis il jette ses *tephiline* au milieu de ce vacarme. Le bruit cessa aussitôt. Toute cette troupe hideuse se transforma d'abord en autant de chats noirs qui grimpèrent sur les arbres voisins, où flottaient des vêtements. Puis les vieilles femmes reprirent avec ces vêtements leur forme véritable, se tinrent quelques instants silencieuses et immobiles, et au bout de quelques minutes s'évanouirent.

« Vous pensez bien, continua Samuel, que mon grand-père ne mit pas beaucoup de temps à franchir la distance qui le séparait encore de Dornach. Il, avait bien vite ramassé ses *tephiline* ; il ne marchait plus, il courait. Au bout de vingt minutes, il était à l'entrée du village. Arrivé devant la maison d'Isaac, il ne fut pas peu surpris de voir, à une heure aussi avancée de la nuit, des groupes d'hommes et de femmes qui stationnaient devant la porte et chuchotaient entre eux. Mon grand-père traverse la foule et entre chez Isaac. Il trouve tout en désordre. Isaac se promenait de long en large et se parlait à lui-même. « Quel malheur et quel bonheur à la fois ! Oh ! non, tout cela n'est pas naturel. » — Je viens de Bolwiller, dit mon grand-père en l'abordant. Voici une lettre pour vous ; c'est pressé. — Isaac lit la lettre : — Oh ! mon Dieu, s'écrie-t-il, il s'en est fallu de bien peu que nous n'eussions pas besoin de parrain du tout.

« Isaac raconta à mon grand-père ce qui s'était passé. Pendant que sa belle-mère avait quitté la chambre de l'accouchée, afin de donner un coup de main à la cuisinière pour le repas du lendemain, l'enfant nouveau-né avait soudain disparu du berceau, et durant deux heures on s'était perdu en suppositions. On avait accusé les bohémiennes qui avaient rôdé pendant quelques jours autour de la maison ; on avait fait des recherches, on avait déposé plainte chez le maire, quand, il y avait une demi-heure à peu près, en apportant un bouillon à la femme d'Isaac, on s'aperçut que la fenêtre de la chambre était entr'ouverte, et on avait trouvé l'enfant tout gelé, tout bleu et tout meurtri, mais par bonheur vivant encore, couché aux pieds de sa mère.

« Mon grand-père se frappa le front. — Dites donc, Isaac, à quelle heure votre enfant a-t-il disparu ?

— Entre neuf et onze heures.

— Quand a-t-il été retrouvé ?

— A onze heures et demie et quelques minutes.

— Isaac, vous n'avez rien oublié de tout ce qui doit se pratiquer dans une maison israélite où il y a une femme en couches ?

— Rien que je sache.

— Vous avez fait dire des prières par le rabbin ?

— Le rabbin de Dornach est encore là, à côté, qui dit les prières d'usage la veille de la circoncision.

— Qui est chargé de veiller l'accouchée ?

— C'est Kendel, ma belle-mère, que voilà.

— Kendel, dit mon grand-père, y a-t-il des psaumes dans la chambre où se trouvent la mère et l'enfant ?

— Quelle question ! fit la Kendel.

— Vous êtes sûre qu'ils ne sont pas tarés?

— Le marchand de livres hébreux à qui je les ai achetés les a lui-même fixés au mur.

— Vos *mezouzas* sont-ils en ordre ?

— J'en ai fait poser de neufs à toutes les portes.

« Mon grand-père ne comprenait plus… Soudain il lui vient une idée : — Kendel, dit-il encore, avez-vous fait la cérémonie des *cercles* ?

« Pour toute réponse, Kendel s'évanouit. Elle l'avait oubliée.

— Si votre enfant vit encore, c'est à moi que vous en êtes redevable, dit mon grand-père.

« Et il raconta ce qui venait de se passer derrière le mur blanc, sur le petit pré. »

— Voilà ce qui s'appelle une histoire, Samuel ! dit le père Salomon.

« Attendez donc la fin, répondit l'intarissable conteur. Ah ! vous croyez que c'est fini ? Mon grand-père n'en fut pas quitte à si bon compte, pour s'être mis en route un samedi soir. Il fut, comme bien vous pensez, fêté et choyé par ces braves gens dont il venait de sauver l'enfant. On voulait qu'il restât jusqu'au lendemain. Sur son refus, on voulait au moins lui faire boire un coup et manger un morceau ; mais mon grand-père n'était pas plus gourmand qu'il n'était poltron. Il se mit de nouveau en route une demi-heure à peine après son arrivée. Bien que l'heure fût assez avancée pour qu'il n'y eût plus à craindre de rencontre fâcheuse, mon grand-père, en apercevant de nouveau le mur blanc, se sentit assez peu rassuré. En traversant le petit pré, il ne vit que quelques mèches de cheveux et des coquilles d'œufs broyées sur la neige. Il tournait déjà l'angle du mur, lorsque quelque chose de velu s'embarrassa dans ses jambes et se frotta contre lui. C'était un gros chat noir qui roulait et déroulait sa queue en poussant des miaulements plaintifs et suppliants. — Serait-ce quelqu'un de ces animaux de tout à l'heure ? pensa mon grand-père, et il porta la main à sa poche pour en tirer ses *tephiline*. Malheur ! il les avait laissés sur la table en déposant son manteau chez Isaac. Le gros chat se dressa devant lui, poussa de nouveau ses miaulements plaintifs, et avança une de ses pattes, avec laquelle il semblait désigner un arbre voisin où flottaient quelques vêtements. Mon grand-père comprit. — C'en est une de la bande de tout à l'heure, se dit-il ; la mémoire lui aura fait défaut ; elle ne se souvient sans doute plus de ses *sckemes*, et elle ne sait plus comment se transformer et comment avoir ses jupes. Ce n'est pas moi qui les lui rendrai. — Puis, d'une voix forte : Est-ce sûr ou mal sûr ? Le chat miaula ; alors mon grand-père brandit son bâton, ramena son bras en arrière, et asséna à ce chat un coup si vigoureux, qu'il lui cassa net une patte de devant. Le chat poussa un cri et disparut.

« Mon grand-père marcha si vite, qu'il faisait à peine jour quand il fut de retour à Bolwiller. — Ma femme, se dit-il, dort peut-être encore ; puisque je suis debout, je veux aller, avec ma pièce de cent sous, acheter un sac de pommes de terre chez la vieille Mey.

« Et il enfila la petite rue du coin. Il trouva la porte de la vieille Mey toute grande ouverte. Il entra dans la cour, passa devant le pressoir, puis sous le hangar, et, arrivé sur le seuil de la cuisine, il appela. Comme on ne répondait pas, il entra dans la cuisine. Un grand désordre y régnait contre l'ordinaire : çà et là, des balais ; dans le voisinage de la cheminée, des assiettes cassées et des morceaux de suie fraîchement tombée. Un gémissement sortait de la chambre voisine.

— Eh ! la voisine ? Il y a une heure que je vous appelle.

« La Mey lui dit d'entrer. Elle était couchée. — Judel, dit-elle, je te donnerai tes pommes de terre pour rien, mais sois bon. Tu es un brave homme, je le sais.

— Qu'avez-vous donc ?

— Oh ! je souffre bien !

— Est-ce que vous seriez tombée en faisant votre besogne avant le jour ?

— Oh ! oui, j'ai fait de la besogne avant le jour, mais une bien vilaine besogne : on m'a entraînée, vois-tu, et comme la porte était fermée, il m'a fallu prendre un autre chemin…

— Ah ! ah ! vous serez allée voisiner chez le petit Seppi ; votre vieux aura été jaloux, il vous aura battue et blessée ?

— Oh ! ce n'est pas lui. Il est à la foire depuis trois jours.

— Alors qui est-ce donc ?

— Tu ne me trahiras pas ?

— Non. Qui vous a fait du mal ?

— C'est toi.

— Et quand donc vous aurais-je blessée ?

— Ce matin.

— Ce matin ! à quelle heure ?

— Entre une et deux heures.

— Vous voyez bien que vous avez perdu la tête, puisque ce matin, à une heure, j'étais à huit lieues d'ici.

— Oui, mais quand tu m'as blessée… — Et elle lui montra son bras gauche, qu'elle portait en écharpe.

— Eh bien ?

— Ce n'était pas un bras, mais,… tu sais,… le chat noir… la patte ?… Je t'avais demandé mes jupes, tu ne m'as pas voulu comprendre. Va, Judel, cherche-moi mes jupes, avant que mon mari revienne ; elles sont sur l'arbre près du pont de pierre…

« Mon grand-père jeta un cri et se sauva à toutes jambes. Il n'a raconté cette aventure à personne aussi longtemps que *l'autre* a vécu. Je suis sûr que tout cela est vrai, car mon grand-père ne mentait pas. »

Samuel se leva.

— Samuel, dit le maître de la maison, tu peux te vanter de nous avoir fait passer un fameux *vendredi soir*.

En ce moment, le coucou placé dans un coin de la salle sonna dix heures. Mon hôte à son tour se leva tout droit, comme mû par un ressort. — Mon cher ami, me dit-il, c'est l'heure du repos ; vous, devez être fatigué. La *femme de samedi* va vous éclairer et vous conduire dans votre chambre. — Puis, se tournant vers Samuel, il ajouta d'un ton moitié plaisant, moitié sérieux : Tu seras peut-être cause, toi, avec tes histoires de sorciers, que je ne pourrai dormir ; ça vous trotte toujours par la tête, et on fait de mauvais rêves. À propos, si je ne te vois pas d'ici là, ne manque pas de venir mardi matin à dix heures pour me faire la barbe avant notre départ pour la noce.

Le lendemain, on se leva de bonne heure pour aller au temple. L'office du matin et le dîner achevés, — on dîne à midi, — je fis mes visites aux parents et aux amis de mon hôte, qui, bien entendu, m'accompagnait dans ma tournée, ainsi que sa femme. Le père Salomon, les mains posées à la hauteur du diaphragme et béatement enfoncées dans les longues manches de sa redingote bleue, nous fit descendre le village de ce pas lent et solennel que l'israélite de la campagne affecte particulièrement le samedi et les jours de fête. Notre première visite fut pour l'oncle Jekel. Nous trouvâmes réunie chez lui toute la verte et gaillarde jeunesse de l'endroit, fêtant assez bruyamment la *Spinnholtz*. On appelle de ce nom une sorte de gala donné par le fiancé à ses camarades dans l'après-midi du dernier samedi qui précède son mariage. C'est là comme un adieu fait à la vie de garçon. La fiancée, de son côté, doit le même tribut à ses amies, et il est hors de doute qu'en ce moment, à Wintzenheim, la fille du digne *parnass* faisait la même politesse à la jeunesse féminine du lieu. L'oncle Jekel, comme mon hôte l'avait prévu, m'invita à la noce en insistant de la façon la plus cordiale. Je n'eus garde de refuser, et le reste de la journée se passa à visiter le hameau.

À notre retour, nous trouvâmes une vingtaine de personnes établies chez le père Salomon et devisant bruyamment entre elles, tout en regardant de temps à autre par la fenêtre pour voir si l'étoile du soir était ou n'était pas encore montée au ciel. C'étaient quelques fidèles qui avaient l'habitude de venir en hiver, parfois le vendredi et toujours le samedi, faire en commun leur prière du soir chez le père Salomon. C'est là un honneur pour le maître de la maison, et on ne l'accorde guère dans les villages qu'aux personnes qui, comme mon ami, sont haut placées dans l'opinion de la *kehila*.

Les dernières paroles de la prière du soir firent l'effet de ce coup de sifflet qui, dans les théâtres, précède et amène les changements de décoration. Le sabbat était fini à l'instant même. La salle prit un aspect nouveau ; les nappes disparurent. La lampe aux sept becs fut hissée au plafond de bois noir. Puis entrèrent, bonnets de coton en tête, pipe fraîchement allumée à la bouche, et lanterne à la main, six ou sept voisins qui venaient faire, selon leur habitude le samedi soir en hiver, leur partie chez les Salomon. Le gagnant devait remporter chez lui non point une valeur en argent, mais une valeur en nature, qui était représentée pour le quart d'heure par une belle oie grasse, blanche comme la neige, fièrement appendue à un crochet de la fenêtre, où elle attendait son bienheureux acquéreur. Il fallait voir celui que le sort avait favorisé se lever soudain et dépêcher un exprès à sa femme pour lui annoncer qu'il l'avait gagnée !

C'était, à s'y méprendre, un de ces tableaux d'intérieur si admirablement saisis par les maîtres de l'école flamande. Rien n'y manquait pour rendre l'illusion complète : ni la simplicité rustique de la salle et des meubles, ni la bonhomie des profils, ni les pots de bière placés à la portée des joueurs, ni les bouffées de tabac, ni enfin la présence d'un gros matou à robe jaune, témoin obligé de toutes ces scènes d'intérieur, chaudement blotti derrière le poêle, dos en voûte, queue en trompette, et contemplant nos joueurs avec cette expression placide de profonde observation que les chats prennent quelquefois depuis qu'Hoffmann leur a prouvé que parmi leurs ancêtres ils comptaient des philosophes.

### III

C'était le mercredi suivant qu'on devait célébrer le mariage du neveu de mon hôte. Le village de Wintzenheim, où nous devions nous rendre, est à huit lieues de Bolwiller. Le père Salomon m'emmena avec l'aînée de ses filles et la cadette.

Comme mon digne hôte, ainsi que son frère, trouvait plus sûr, plus commode et plus agréable de voyager dans son propre équipage que de s'enfermer dans un wagon du chemin de fer qui longeait notre route, on avait, dès la veille, arrêté deux voitures appelées pompeusement dans le pays chars-à-bancs, et que j'appellerai chars-à-planches. L'une était destinée au fiancé et à sa famille, l'autre aux Salomon. Ce ne fut guère que vers dix heures du matin que notre monde fut prêt, encore le maître de la maison n'était-il pas arrivé. Tout en l'attendant, nous primes place dans les carrioles. Le père Salomon parut enfin sur le palier du premier étage. Il était tourné vers quelqu'un qu'on ne voyait pas. À en juger par le mouvement de sa tête et de ses mains, il semblait donner à ce personnage un témoignage de non équivoque satisfaction ; puis il descendit les marches de l'escalier, vif et preste, malgré ses soixante et dix ans. Son carrik, couleur café au lait et à mille collets, couvrait ses épaules ; son bonnet de coton était tiré sur ses oreilles, et son chapeau rond solidement planté sur ce même bonnet. Il faisait sortir avec délices d'une très belle pipe en écume, ornée d'un couvercle et d'une chaînette d'argent, d'épaisses bouffées de tabac dit *violette*, et sentant sa contrebande à dix pas. Cette pipe, ce tabac, n'étaient de mise que dans les occasions solennelles.

Tout en prenant place à côté de nous, Salomon me regardait en souriant et d'un air de contentement qui signifiait : — Ah ! çà, vous ne me dites rien ? vous n'admirez pas ? — Je n'eus pas de peine à m'apercevoir, en observant bien mon interlocuteur, que la main du barbier conteur avait passé sur son menton, et que ce jour-là maître Samuel avait fait sa besogne avec une adresse qui eût fait honneur à Figaro lui-même. Et cependant Samuel n'avait pas eu à sa disposition un rasoir de Bilbao, mais simplement une modeste paire de ciseaux de Bouxwiller, seul instrument que le rit juif autorise à se promener sur les barbes orthodoxes. Je compris donc la légitime satisfaction du père Salomon. Il était resté fidèle à la prescription religieuse, et sa barbe n'en était pas moins bien faite ; il goûtait le plaisir de la difficulté vaincue.

Le village de Wintzenheim compte beaucoup de juifs. Il jouit de tous les avantages d'une grande communauté. Il y a là une synagogue d'une assez belle construction, une école israélite communale, un rabbinat, de nombreuses *hévresse* (sociétés religieuses). Wintzenheim possède un ministre officiant qui n'est ni plus ni moins qu'une célébrité, digne, selon l'expression du père Salomon, de se faire entendre dans la synagogue consistoriale de Francfort. L'heureux chef, le *parnass* de cette bienheureuse communauté, était Marem, le père de notre fiancée, chez qui nous allions précisément célébrer la noce. Chemin faisant, Salomon m'apprit que Marem, grâce à son commerce de lie de vin et de peaux de chevreaux, était arrivé à une position très satisfaisante, qui lui permettait de donner à l'aînée de ses filles une dot de trois mille livres en beaux deniers comptants et un trousseau en sus, bien qu'il lui restât encore deux filles à établir ; qu'aimé et estimé de tout le monde, des catholiques comme des israélites du lieu, Marem serait le plus fortuné des hommes, si Dieu ne l'éprouvait cruellement dans ses affections de père. Le plus jeune de ses enfants, son fils unique, s'éteignait, depuis trois ans bientôt, dans les langueurs de la phthisie, cette terrible maladie, beaucoup trop commune, hélas ! en Alsace.

À quelques pas du village de Wintzenheim, nos conducteurs firent une petite halte ; ils ornèrent de rubans rouges leurs chapeaux d'abord, puis la crinière et la queue de leurs petits chevaux ; ils se redressèrent ensuite sur les sièges, firent claquer leurs fouets, et nous menèrent à fond de train, à travers une longue file de curieux, jusqu'à la maison Marem. La manière dont le *parnass* vint nous recevoir rappelait l'hospitalité traditionnelle de ses ancêtres de la Palestine. On aurait pu se faire quelque illusion, n'eût été un froid assez piquant de novembre et surtout le bonnet de coton posé sur le chef de notre respectable hôte.

Au repas du soir, digne précurseur du repas de noce, le neveu de Salomon, assis à côté de sa fiancée, tira de sa longue redingote un coffret qu'il ouvrit et plaça devant elle. Ce coffret contenait divers objets en orfèvrerie, offrande du prétendu ; c'est toujours la veille du jour solennel que se font ces sortes de dons : aussi cette soirée s'appelle-t-elle la soirée des *sablonoth*, mot hébreu qui signifie *cadeaux*. Tout ce que le village contenait de notabilités juives vint faire sa visite aux Marem et à leurs hôtes. On causa beaucoup et bruyamment. La maîtresse de la maison gardait seule une attitude péniblement silencieuse. Elle tenait tendrement enlacées dans ses deux mains les deux mains amaigries d'une sorte de fantôme aux pommettes rouges et saillantes, aux yeux caves et à la toux stridente, placé près d'elle dans un fauteuil à roulettes. Je reconnus le pauvre poitrinaire dont m'avait parlé Salomon.

On se retira vers onze heures. Comme la maison Marem n'était pas de beaucoup assez vaste pour contenir tous les étrangers présents, plusieurs d'entre nous durent coucher chez les voisins : c'est là un trait de mœurs à noter en passant. Le villageois alsacien reçoit-il plus d'amis qu'il n'en peut loger, personne n'a besoin de frapper à la porte de l'auberge. Tout propriétaire israélite aisé possède, dans une partie quelconque de son corps de logis, une chambre d'amis, qu'il tient à la disposition, non-seulement de ses hôtes, mais des hôtes de ses amis.

Dès le matin, malgré un froid assez vif, une animation inusitée régna dans le village. Hommes et femmes allaient et venaient allègres et empressés. Lorsque dans nos campagnes il se célèbre une noce, tout le monde se met en frais, comme si tout le monde devait en être. Ce jour-là, on se lève de grand matin ; l'intérieur de chaque maison présente un aspect de propreté particulier ; ce jour-là aussi chacun fait un peu de toilette. La raison en est simple : une noce attire toujours des étrangers ; ces étrangers peuvent avoir des fils et des filles ; ces fils et ces filles peuvent être en état de se marier ; un choix peut se décider ; donc parents, jeunes gens et jeunes filles ont tous intérêt à produire une impression favorable.

Le fiancé, accompagné de ses proches, va de bonne heure au temple pour y faire sa prière ; il en sort à peu près vers huit heures pour aller au-devant de la fiancée, qu'on amène dans le péristyle de la synagogue. Là se trouve un banc à dos en acajou et chargé d'inscriptions hébraïques. On fait asseoir les deux fiancés sur ce banc ; le rabbin déploie sur leurs têtes un voile blanc, et sur ce voile les assistants répandent à l'envi des poignées de seigle et de froment, emblème de fécondité future. On peut le dire sans crainte d'être taxé d'impiété : au train dont vont les choses en Israël, cette formalité est presque superflue.

Quand je revins à la maison Marem, la cour était pleine et tumultueuse. Il y bourdonnait une foule confuse et bruyante, qui se pressait impatiente autour d'une table placée au milieu. Sur cette table étaient étalées des piles de gros sous et de pièces d'argent, formant à peu près une somme de cinquante écus. Un homme, — apparemment un ami de la maison, — était là, faisant décliner leurs noms et qualités à tous ceux qui s'approchaient. C'était une véritable Babel de costumes, de langages et de cris. Il y avait des hommes en blouse et en casquette, parlant à merveille le patois du pays : c'étaient des indigènes. D'autres portaient une redingote râpée, ornée de boutons bleus d'acier, un chapeau rond, un bâton de châtaignier surmonté d'une mèche de laine orange enlacée de fils de laiton ; leur allemand était un peu moins incorrect, quoique encore singulièrement baragouiné : c'étaient des voisins d'outre-Rhin. D'autres enfin, à la figure anguleuse, au front élevé, aux épaules carrées, portaient un couvre-chef à larges bords cachant mal de grosses boucles de cheveux noirs ; un cafetan de couleur douteuse, des bottes à revers autrefois cirées à l'œuf, étaient les pièces distinctives de leur costume ; ils prononçaient très distinctement *u* pour *ou* : c'étaient des sujets de sa majesté impériale l'autocrate de toutes les Russies. Tous étaient des israélites indigents ; tous,

Alsaciens, Allemands, Polonais, vivaient de la charité de leurs frères, chez qui, par un rare esprit de solidarité, ils étaient sûrs de trouver chaque vendredi soir bonne table et bon gîte en échange d'une espèce de billet de logement. Ce billet est délivré aux israélites indigents dès leur entrée dans chaque bourg habité par des coreligionnaires. Il n'est pas de chef de famille, quelque modeste que soit sa fortune, qui le jour du repos, son tour arrivé, ne se fasse un plaisir et un devoir de faire asseoir à ses côtés et, comme on dit là-bas, sous sa lampe, un de ses frères déshérités, et de lui faire oublier les tribulations de la vie errante par l'hospitalité la plus cordiale et la plus familière. Aujourd'hui toute cette population flottante était réunie sur un seul point, attirée, comme de juste, par la noce. Ils venaient, selon l'antique usage, toucher leur obole de la dîme, généreuse coutume qui s'est maintenue parmi nous à travers les siècles, et qu'observent surtout les juifs dé la campagne. Là, le plus humble des israélites ne recevrait-il en dot que cinq fois la somme de cent francs, soyez certain que le dixième de ce modeste patrimoine passera entre les mains des frères nécessiteux.

Comme je considérais la pieuse distribution, je vis passer, fendant la presse avec gravité, une dizaine de matrones se dirigeant vers l'intérieur de la maison. Leur costume quelque peu suranné me fit présumer que j'avais devant moi les doyennes du lieu. Elles étaient sans doute fort au courant des us et coutumes du pays les jours de solennité comme celui-ci ! J'avais comme le pressentiment qu'elles allaient procéder à quelque antique cérémonie qui n'admettait pas la présence d'un homme. Je me glissai sur leurs pas dans une petite pièce attenante à la salle basse ; puis je me blottis furtivement derrière la porte, en me masquant de mon mieux à l'aide d'un vieux paravent troué placé par hasard à ma portée. Grâce à ce rempart transparent, je pus tout voir sans être vu. Au milieu de la chambre était assise la fiancée, émue et pâle. Ses beaux cheveux noirs de jeune fille retombaient en boucles sur ses épaules, mais pour la dernière fois, hélas ! Près d'elle et autour d'elle chuchotaient un grand nombre de femmes. À l'entrée des matrones, tout le monde se leva. Les matrones traversèrent la pièce avec autorité, s'approchèrent de la jeune fille et distribuèrent des paires de ciseaux. Aussitôt l'assemblée féminine, avec toute la ferveur que l'on met à accomplir un acte religieux, d'entourer la pauvre fiancée, qui se laissa faire avec une pieuse résignation, de s'emparer à qui mieux mieux de ses cheveux, de les faire tomber en partie sous le fer, de séparer en tresses ceux qui restaient, et de les refouler sans grâce ni merci sous un petit bonnet de satin noir qui devait les cacher à tout jamais. Les cheveux étant d'ordinaire, chez les juifs surtout, un des plus beaux ornements de la femme, elle doit, dès son entrée dans la vie conjugale, en faire le sacrifice à son mari, renoncer ainsi en sa faveur à toute coquetterie et s'ôter bénévolement tout moyen de plaire. En vérité, je ne sais trop si le but que se propose la loi est toujours atteint : le joli petit bonnet orné de rubans roses et bleus qu'on place sur le bonnet de satin noir, et le bandeau de velours destiné à remplacer les cheveux, font souvent ressortir d'une façon très piquante les traits de la jeune mariée. Il est vrai que ce bandeau de velours lui-même, et à plus forte raison le *tour* inventé depuis, sont déjà des infractions à la vieille tradition ; celle-ci, ne souffrant pas même l'ombre d'un compromis, n'admettait, à la place des cheveux, qu'une simple dentelle tombant à cru sur le front. Eh bien ! le dirai-je ? cette coiffe, quelque sévère qu'elle soit, était encore à l'avantage de la jeune femme, et j'ai vu dans mon enfance quelques jeunes juives à qui cette dentelle, tombant sur un beau front blanc, donnait je ne sais quel air ravissant d'antique pudeur et de patriarcale chasteté.

Telle fut la cérémonie des *tresses*. Quand la fiancée redescendit dans la cour, le cortège se forma pour se rendre à la synagogue, où la bénédiction nuptiale allait être donnée. Six musiciens marchaient en tête. Venait ensuite la fiancée, voilée et revêtue de ses habits mortuaires, — ainsi le veut l'usage, — coiffée d'une espèce de turban à bandelettes d'or, et appuyée sur les bras de sa mère et de sa future belle-mère. À côté et derrière elle, dans l'ordre de leur parenté, de leur importance ou de leur intimité, s'avançaient les matrones de Wintzenheim et des villages voisins, toutes raides et toutes empesées dans leur toilette de grande cérémonie, sur laquelle éclataient force bijouteries et pierreries, La femme israélite a pour les bijoux une passion qui semble lui venir de l'Orient, et si de nos jours elle ne porte plus, comme du temps d'Isaïe, des sonnettes au cou et des bagues au nez, elle a des anneaux aux doigts et des chaînes sur les épaules. La plus pauvre des femmes juives de la campagne a son petit trésor de joyaux, auquel elle tient comme à la prunelle de ses yeux, et j'en sais plus d'une qui, pressée par le besoin, se priverait de nourriture une semaine tout entière plutôt que de se défaire de son petit écrin, soigneusement serré depuis la soirée des *sablonoth*.

Derrière le groupe féminin se tenait le fiancé, ayant à sa droite son père et Salomon son oncle, à sa gauche son beau-père, l'honnête *parnass* du village. Suivaient un grand nombre d'étrangers. Çà et là se mêlaient aux jeunes hommes quelques bons vieux aïeux d'un autre temps, avec le grand habit à la française, à larges basques, de couleur brique ou vert pomme, les culottes courtes en velours, les bas bleus de coton rayé, le grand gilet à fleurs, les souliers bouclés et le tricorne. C'étaient comme les derniers représentants de l'Alsace juive avant 89. À une heure précise, le cortège s'ébranla et traversa une longue haie de curieux appartenant à tous les cultes. On descendit le village au son des clarinettes jouant avec sentiment l'air consacré de la *houpé*, un air trivialement élégiaque, déchirant, qui pour la centième fois peut-être de ma vie m'attendrit jusqu'aux larmes.

Au milieu de la synagogue était dressée la *houpé*. Sous ce dais, le vénérable rabbin attendait les fiancés. Après la prière d'usage, il bénit une coupe remplie de vin et la leur présenta. Tous deux en goûtèrent. Le fiancé, ôtant ensuite de son doigt une grosse bague, la passa au doigt de la jeune épouse en prononçant ces paroles sacramentelles : « Sois-moi consacrée par cette bague selon la loi de Moïse et d'Israël. » Puis le rabbin récita une autre prière, et l'on sortit au milieu des félicitations des assistants. La partie grave et solennelle de la noce était terminée. Les visages, attendris, se rassérénèrent, et la musique, en nous ramenant, fit succéder à l'air mélancolique de la *houpé* une marche joyeuse et précipitée. Ce n'est pas cependant qu'on ne nous avertît de tempérer notre joie. En remontant le village, à peu de distance encore du temple, j'aperçus, comme guettant le cortège à son passage, un petit homme balançant une bouteille. Au moment où nous passâmes devant lui, la bouteille, pleine de vin, se brisa contre le mur et couvrit le pavé de ses débris. Le petit homme n'était autre que le *schamess* (bedeau), et cette bouteille brisée nous rappelait par une naïve allégorie la fragilité des choses d'ici-bas. Hélas ! je devais avoir ce jour-là même une triste occasion de reconnaître combien le deuil est souvent près de la joie.

De retour dans la maison Marem, les jeunes mariés, qui étaient restés à jeun jusqu'à ce moment, déjeunèrent. Tous les invités étaient là. Dans un coin de la salle, une petite table, sur laquelle brûlaient six chandelles en plein jour, portait deux petits sacs dont les panses rebondies trahissaient la présence du numéraire. Deux personnes, qui ne doivent être ni parents ni alliés de la maison, décachetèrent chacune un de ces sacs, et additionnèrent le contenu à la lueur des chandelles. Au bout de quelques minutes, trente piles de cent francs, composant la dot, s'étalèrent aux yeux des spectateurs en belles pièces de cent sous, et l'honneur fut déclaré satisfait.

À l'extrémité opposée, devant une table carrée, était gravement assis, une plume à la main, un registre devant lui, le *hazan* ou chantre officiant du village. Il était en costume de cérémonie : calotte de velours noir, cravate blanche, d'énormes topazes fausses à son jabot et à chacun de ses petits doigts. Quiconque avait à faire un cadeau de noce au jeune ménage se dirigeait vers cette table ; le *hazan* l'inscrivait en énonçant chaque fois, à haute et intelligible voix, l'objet donné et le nom du donateur. À chaque objet présenté, c'étaient des cris de surprise et d'admiration. Déjà j'avais entendu annoncer une lampe à sept becs en cuivre rouge, une fontaine à bassin avec double robinet, quatre douzaines d'assiettes en étain, une paire de chandeliers avec mouchettes, quarante aunes de toile, un rouet, un huilier, six paires de draps et un recueil complet de livres de prières pour toutes les fêtes (édition Soulzbach), quand la voix du chantre fut couverte par les sons d'une clarinette qui préludait : c'était le signal de la danse. Dans les villages de l'Alsace, le bal des noces a lieu le jour, et l'on festine le soir : on ne s'en amuse pas moins.

Bientôt arrivèrent garçons et filles d'honneur tout rayonnants de joie. Chacun se constituait le cavalier de deux dames. Quelques membres de la famille restèrent auprès du jeune malade, que cette journée avait fatigué ; ils devaient nous rejoindre un peu plus tard. Les maîtres des cérémonies étaient le veilleur de l'endroit et son ami le garde champêtre, tenant chacun d'une main une pique enrubannée, de l'autre un broc de vin destiné à l'orchestre. Cet orchestre était composé d'un cor de chasse, de deux clarinettes, d'un serpent, de deux trombones et d'une grosse caisse. L'artiste qui jouait de ce dernier instrument, n'ayant pu se faire entendre jusque-là, s'était mis en mesure de prendre sa revanche ; il labourait si bravement sa peau d'âne, qu'il fit trembler toutes les vitres. En Alsace, c'est une vérité reconnue que dans les fêtes villageoises où il n'y a point de grosse caisse il n'y a point de plaisir.

Pour se rendre au local destiné à la danse, il fallait se transporter presque au milieu des champs. Qu'on me permette de raconter les diverses transformations que ce local subissait selon l'occurrence. Au printemps, il servait de salle d'escrime. En été, à l'époque de la moisson, le propriétaire y entassait ses gerbes de blé ; aussi y voyait-on pulluler les rats et les souris. En hiver, c'était la salle de spectacle. Tous les ans, vers les derniers jours de l'automne, quand la bise commençait à souffler, quand les brouillards du Hohlandsberg descendaient sur le village, et que les mésanges en détresse venaient donner dans les pièges en bardeau dressés sur la cime des arbres dépouillés, on était sûr de rencontrer sur la route de Colmar à Wintzenheim, entre le 15 et le 20 octobre, une longue voiture fermée, peinte en vert, et attelée de deux haridelles. Dans cette voiture reposait paisiblement, enlacé dans un épais réseau de ficelles, tout un peuple de figurines de bois représentant des rois, des reines, des madones, des diables noirs comme l'enfer, des ermites à longue barbe, etc. L'arrivée de maître Rodolphe, directeur de la troupe de marionnettes, était pour Wintzenheim une véritable fête. Serrurier pendant la morte saison, c'est-à-dire en été, maître Rodolphe, quand venaient les pluies et le froid, quittait les arts mécaniques pour les arts libéraux. C'était un homme d'une belle prestance, qui avait toujours le mot pour rire. À deux heures précises, il fallait le voir, les jours de grande représentation, traverser le village en costume napoléonien, monté sur une rossinante et précédé d'une joyeuse troupe de gamins. Sa trompette assemblait une foule de curieux en bonnets de coton et en sabots. Maître Rodolphe leur débitait le programme détaillé du spectacle du jour. Les dimanches, où notre comédien devait charmer les loisirs d'un auditoire catholique, maître Rodolphe annonçait, du haut de sa placide monture, l'histoire mise en drame de cette pauvre Geneviève de Brabant, ou bien quelque épisode tiré de la vie des saints et des martyrs. Les vendredis soirs au contraire, ayant affaire à des spectateurs d'un autre culte, maître Rodolphe représentait l'aventure de Joseph si méchamment vendu par ses frères, ou l'héroïsme de Judith, ou la clémence du roi Assuérus. Pour que l'illusion fût complète et la couleur locale irréprochable, maître Rodolphe avait toujours soin d'annoncer que la belle Esther et son oncle Mardochée s'exprimeraient en hébreu. Cela signifiait qu'ils parleraient le patois judaïco-allemand usité en Alsace, et qui apparemment, selon maître Rodolphe, avait été autrefois la langue officielle des cours de Suze et de Babylone.

Comme on admirait la marche solennellement raide de ces pantins ! Gomme on écoutait les tirades ampoulées de ces personnages de bois, et leur voix tantôt grave, tantôt nazillarde, tantôt en fausset ! Il arrivait surtout un moment où l'attention redoublait, où l'âme des spectateurs était tout entière dans leurs oreilles et dans leurs yeux : c'était celui où, précédé d'un formidable amas de jurements mêlés à quelque chanson grivoise, le corps penché en avant et presque plié en deux, les bras pendants, la tête malicieusement inclinée, clignant de l'œil, claquant des dents, le principal personnage de la pièce, le personnage comique, le héros obligé de la représentation, *Hanswurst*, faisait son entrée sur la scène. Semblable aux personnages des antiques atellanes, dont il parait un descendant direct, Hanswurst s'interrompait souvent pour apostropher vertement quelque mauvais, plaisant du parterre, qui, usant d'une liberté admise d'ailleurs, avait osé le provoquer. Hanswurst, qui avait la langue déliée et qui connaissait son monde, répondait par des lazzi et des quolibets qui excitaient contre le malheureux agresseur les rires de l'auditoire. Quelquefois même, sans être provoqué, et, il faut bien le dire, pour le seul plaisir de faire le mal, dans le cours de ses dialogues avec les mannequins ses confrères, il se permettait des allusions passablement transparentes à tel ou tel événement du jour. Malheur à qui avait blesse en quelque façon maître Rodolphe pendant son séjour à Wintzepheim ! Son inviolable Paillasse se chargeait de la vengeance. Il n'épargnait pas plus à l'occasion le monde catholique que le monde juif, le sacristain que le chantre de la synagogue, la nièce du curé que le fils du rabbin, les grands que les petits, le bourgeois que le manant. Vice régnant, ridicule en vogue, scandale du moment, il s'emparait de tout. Grossissant sa voix burlesquement enrouée, il nommait les personnes et les choses avec une licence aristophanesque, et commentait ses paroles par des gestes fort énergiques. Hanswurst faisait la joie des amateurs de commérages et la terreur des mauvaises, consciences.

Toutes ces représentations se donnaient dans l'enceinte même où j'ai laissé la noce des Marem en train de danser. On n'avait eu que peu de chose à faire pour transformer la salle de spectacle en salle de bal. Les murs blancs étalaient, en guise de tentures, de vieilles toiles d'araignées. Quant à la ventilation, elle n'était que trop largement assurée par un courant d'air sifflant à travers quatre croisées privées de leurs vitres malgré la rigueur de la saison. Le long des murs, les jeunes juives se pressaient toutes joyeuses. Elles portaient des tabliers de taffetas changeant, des robes de couleur éclatante, très courtes, et laissant voir, le long des bas blancs, de larges rubans noirs moirés. Elles avaient pour chaussures ces souliers en veau, à forme de tête de brochet, qui sont, de temps immémorial, à la mode dans le pays. Les païens des jeunes mariés, les amis et les invités des deux familles, se rendirent bientôt à l'appel de l'orchestre. Puis on vit paraître les deux mariés. La jeune femme avait son costume d'après-midi de noce : une robe de soie très claire, un mantelet en dentelles, un bonnet chargé de rubans roses.

Cependant la grosse caisse résonne, les tuyaux des trombones vont et viennent, les clarinettes sifflent. Ici on ne danse ni polka, ni redowa, ni mazourka, mais la valse à trois temps, la plus belle de toutes les danses. Ici on s'amuse de si bon cœur, que l'idée d'un rafraîchissement quelconque ne vient pas même à l'esprit ; on se contente le plus souvent d'ôter, les jeunes filles leurs fichus, les jeunes gens leurs vestes. Après chaque valse, le tambour et le garde-champêtre parcourent la salle un large arrosoir à la main, et mouillent indifféremment parquet, spectateurs, danseurs et danseuses.

Après le bal, le festin des noces. Au haut du village, au fond d'une étroite ruelle, une très modeste habitation est occupée, depuis tantôt un demi-siècle, par maître Raphaël et sa digne compagne Léa : c'est le premier restaurant de l'endroit. Un repas de noces n'est convenable qu'autant qu'il a été préparé par Léa et servi par Raphaël, qui est le premier garçon de sa femme.

Ce soir-là, un flot inaccoutumé de lumière jaillissait à travers les petits carreaux ronds de la maisonnette. Elle était éclairée, non-seulement par les chandelles fixées aux murs, mais encore par toute une série de lampes à sept becs suspendues au-dessus d'une table longue et mince que recouvrait une nappe éclatante de blancheur, traversée de larges raies rouges. On faisait salon dans la salle à manger même, comme toujours ; on n'attendait plus que la jeune mariée et sa famille, qu'attardait, nous dit-on, une crise alarmante survenue au pauvre enfant malade. À leur arrivée, les femmes se placèrent d'un côté, les hommes de l'autre ; ainsi le veut l'usage.

On servit à l'ancienne manière, un plat après l'autre ; mais quels plats ! Le dîner dura longtemps, ai-je besoin de le dire ? Il touchait à sa fin, quand on vit arriver un renfort de convives des deux sexes. Les rangs se serrèrent aussitôt, et pour occuper moins de place, les hommes ôtèrent leurs redingotes. En même temps ils remplacèrent leurs chapeaux, qu'ils avaient toujours gardés jusque-là, par leurs bonnets de coton. Dans nos villages, lorsqu'une invitation collective est faite à une famille, celle-ci se garde bien de l'accepter à la lettre ; la discrétion l'oblige à n'envoyer qu'une seule, au plus deux personnes, au repas ; les autres ne viennent que pour le dessert. En revanche, ceux qui invitent, se piquant à leur tour de courtoisie, commandent un dessert assez copieux et assez délicat pour dédommager les convives volontairement attardés. C'est dans la confection du dessert qu'éclatent surtout le talent, l'art et la féconde imagination de Léa. Que ne nous servit-elle pas ce soir-là ! Admirons surtout les deux plats de rigueur : l'un de ces plats est un gâteau qui figure une anguille couchée dans une épaisse touffe de buis. À dire vrai, je n'ai jamais bien pu m'expliquer pourquoi, dans les repas servis par Léa, on voyait paraître, même *par l'art imité*, un mets si sévèrement exclu de la table juive par les lois mosaïques. Serait-ce que Léa voudrait, par une innocente illusion, consoler ses hôtes de la privation de ce mets défendu ? L'autre plat, moins hétérodoxe, s'appelle *le nougat du fiancé*. Il était chargé de fleurs et orné de petites bougies tout allumées. Maître Raphaël avait la mission spéciale de l'apporter triomphalement. En le tenant devant lui, à la hauteur de la tête, le bonhomme chantait un air tout particulier, et faisait des ronds de jambes, des entrechats grotesques. Il ne plaça sur la table le plat désiré qu'après maintes marches, contre-marches, circuits et détours exécutés avec une lenteur calculée.

Parmi nous se trouvaient quelques personnages qui sont comme les convives obligés de toute noce juive. C'étaient autant de types caractéristiques de la curieuse population au milieu de laquelle je me trouvais.

Cet homme qui fredonne en manière de prélude et tient à la main son couteau, prêt à battre la mesure, c'est le chantre ou le *hazan* que nous avons vu le matin même inscrire les dons faits aux jeunes mariés. Il va maintenant entonner, en guise de divertissement, les principaux morceaux de son répertoire liturgique ; on le paie pour cela. Derrière lui se tiennent debout et couverts deux aides-chanteurs, ténor et basse. Ces trois personnages forment l'orchestre vocal de la synagogue, où la musique instrumentale est sévèrement interdite.

Salarié par la communauté, le chantre est un fonctionnaire important dont la place est assez lucrative ; aussi, avec les émoluments qui lui sont alloués, doit-il entretenir à ses frais ses deux accompagnateurs. Ceux-ci font ainsi leur stage chez les chantres, des différentes communautés jusqu'au jour bienheureux où, après de longues épreuves et une vie nomade, ils parviennent eux-mêmes à la dignité de *hazan*. Libres la semaine entière, les aides-chanteurs exercent plusieurs genres d'industrie. Pour grossir un peu leurs maigres honoraires, ils se chargent d'enseigner aux enfants, à un prix plus que modéré, les premiers éléments de l'écriture et de la lecture, ou bien ils font concurrence au barbier de l'endroit, et promènent les ciseaux renommés de Bouxviller sur les mentons de leurs coreligionnaires.

Les aides-chanteurs possèdent encore certains talents qui augmentent leurs revenus. Quelque richard de la localité vient-il, en reconnaissance d'un vœu exaucé ou d'un bonheur inattendu, à doter la synagogue d'un *Sephar* (Pentateuque) nouveau, les aides-chanteurs entreprennent la mise en scène de la cérémonie qui précède la translation du rouleau sacré dans le temple. À l'aide de cartons découpés qu'ils recouvrent de mousse et de fleurs, ils improvisent un mont Sinaï hérissé de rochers et de ravins, sur lequel reste exposé, pendant plusieurs jours, le Sephar, objet de vénération pour les fidèles. À l'approche de la fête des Tabernacles, ce sont eux qui se chargent de la construction, de la tenture et de l'ornementation de ces huttes en plein air où tout bon israélite doit demeurer avec sa famille huit jours durant en souvenir du séjour dans le désert. Pourtant, malgré ces différentes ressources, nos aides-chanteurs en sont constamment réduits aux expédients. En vrais artistes, ils dépensent plus qu'ils ne gagnent ; le jeu, leur passion favorite, absorbe la plus grosse part de leurs profits. Quand leur bourse est à sec, leur revenu fixe absorbé, leur revenu éventuel engagé, ils prennent leur mal en patience et attendent les grandes fêtes de septembre, alors que le *hazan*, pour officier convenablement pendant près de quinze jours, ne peut guère plus se passer de ses aides-chanteurs qu'une voiture de ses roues, un moulin à vent de ses ailes, alors aussi que la communauté impatiente se promet merveille des offices qui vont suivre, et que l'orchestre vocal doit s'y préparer par des répétitions multipliées. C'est précisément cet instant que choisissent nos aides-chanteurs pour chercher une mauvaise querelle au chantre et pour le rançonner. Ils demandent soudain une augmentation d'honoraires considérable, sans quoi ils feront grève. Le pauvre chantre crie à la trahison, menace et flatte tour à tour. Les deux compères tiennent bon. Grande rumeur dans le village, cabale et brigues pour et contre. Le chef de la communauté s'en mêle, l'administration du temple s'émeut ; des conférences ont lieu, dés négociations sont entamées, des transactions proposées, repoussées et enfin adoptées. De là des scènes et des passions burlesquement sérieuses qui pourraient être le sujet d'un nouveau *Lutrin*.

Vis-à-vis le *hazan* et en face de moi était assis un jeune homme grave et sévère qui, seul de toute la société, avait gardé sa redingote et se permettait de rester tête nue. Seul il affectait de parler français ; seul, au milieu de toute cette conversation confuse, bruyante et peu littéraire, il hasardait quelques observations sur les sciences et les lettres, me faisant remarquer que parmi les anciens déjà il y avait de grands génies, et que, chez les modernes, Voltaire lui paraissait un homme d'esprit. Le dialogue s'étant engagé entre nous deux, il trahit sa position sociale par une prodigieuse émission d'imparfaits du subjonctif. Le doute ne me fut plus permis : j'avais devant moi l'instituteur communal de l'école israélite de Wintzenheim. Le rôle que joue l'instituteur israélite dans les grandes communautés est important. Il est le mentor de bien des familles. Essentiellement sentencieux et érudit, il est estimé pour la profondeur de ses aphorismes et la variété de ses citations. Il est au courant des nouvelles, les colporte, les commente ; c'est encore un moyen de plaire. Grâce à ses nombreuses relations, il entame avec succès les négociations matrimoniales.

Assez loin de l'instituteur et presque au bout de la table trônait carrément dans sa chaise un joyeux compère à cheveux rouges, à la physionomie malicieuse et fine : c'était Seligman, le boute-en-train de l'endroit. Déjà, après avoir tambouriné sur la table avec deux fourchettes en guise de baguettes pour attirer l'attention, il avait contrefait à s'y méprendre tous les personnages excentriques du village et des environs ; déjà, après s'être éclipsé quelques instants, il avait reparu, traîné dans un pétrin en guise de char et métamorphosé en Turc ; puis, prenant le nom de chaque convive, quelque bizarre qu'il fût, il y avait trouvé un bout rimé avec un à-propos qui soulevait les applaudissements et les rires.

Seligman était le bouffon amateur, amusant les convives gratis et pour le seul plaisir de les amuser. À un autre bout de la table se tenait un bouffon à gages, commandé par les amphitryons, et que pour toutes les solennités l'on fait ; venir de l'antique capitale de l'Alsace, sa résidence habituelle. Ce personnage n'était autre que le petit Léon, plus vulgairement appelé Loebsché le jongleur. Il faisait maints tours de passe-passe, fondait les pièces de cinq francs comme de la cire à la lueur des bougies et les rétablissait aussitôt ; il faisait avec des mouchoirs et des cravates mille nœuds inextricables, et les déliait avec une facilité étonnante ; il jouait avec des gobelets, escamotait des bagues et des chaînes de montre qu'on retrouvait dans les souliers ou les poches des voisins ; Il représentait aussi des scènes grotesques où il se donnait à lui-même la réplique avec une intarissable faconde.

Un personnage moins gai, c'est le *schamess*, qu'on a déjà entrevu plus haut. Il est préposé à la police, de la synagogue, et y remplit toute sorte de fonctions. Le jour d'une noce, il est chargé de certaines pratiques traditionnelles, entre autres de celle de casser la bouteille et d'inviter au repas. Il est de toutes les cérémonies tristes ou gaies. Le *schamess* est généralement craint et respecté, car il est censé entretenir, commerce avec le ciel. La mort vient-elle visiter une famille, trois jours au moins à l'avance le *schamess* en est averti par des présages ; trois jours à l'avance, lui seul a surpris dans le silence de la nuit les cris sinistres de la chouette, les hurlements plaintifs des chiens, le craquement mystérieux des meubles ; lui seul a entendu remuer les instruments tumulaires déposés dans sa demeure. Le *schamess* est aussi l'homme aux visions étranges. Celui de Wintzenheim vous dira comment, quelques heures après la mort du vénérable rabbin Hirsch, il vit à la tombée du jour une flamme céleste planer sur le front chauve du pieux défunt et en même temps des caractères cabalistiques se dessiner sur les murs. Il est surtout une certaine époque de l'année où le bedeau voit et entend des choses qu'il n'est pas donné à tous de voir et d'entendre. C'est en automne, à l'approche des *jours terribles*, quand tout le monde fait dans le temple, de grand matin ou plutôt bien avant dans la nuit, des prières et des actes de dévotion pour se préparer au grand *jour du jugement*, quand, pendant dix jours, les âmes pieuses font pénitence, que les morts, aussi bien que les vivants, sont censés s'inquiéter, s'agiter. Dans ces moments solennels, le *schamess* fait de lugubres rencontres, alors que, couvert de son manteau noir et son marteau de bois à la main, il parcourt durant près de deux semaines, à trois heures après minuit, le hameau silencieux, frappant aux portes des maisons juives pour appeler les fidèles à la prière. Il marche, et presque à chaque pas c'est une nouvelle apparition. Ici il est suivi d'une longue file de fantômes blancs, mânes infortunés d'hommes qui ont péri sans doute de mort violente, car ils tendent vers le *schamess* leurs mains décharnées, comme pour le conjurer de les ensevelir selon les rites usités dans Israël. Plus loin, il est assailli par une troupe d'oies blanches, pécheurs métamorphosés et en peine, qui tournoient à grand bruit autour de lui et jettent des cris lamentables. Elles accompagnent le *schamess* jusqu'à quelques pas de la synagogue ; mais là, comme si elles étaient repoussées par la sainteté du lieu, leurs ailes s'alourdissent soudain, leurs gémissements s'éteignent, et elles disparaissent sous terre pour reparaître à la même heure et au même endroit le lendemain et les jours suivants.

C'est le *schamess* qui recueille le dernier soupir des agonisants et leur ferme les yeux. C'est lui qui dans la maison mortuaire, seul au fond d'une chambre écartée, passe la nuit avec le trépassé, à la lueur vacillante d'une lampe funèbre. C'est lui encore qui, la veille du *kippour* (jour du jugement), quand la foule émue s'est écoulée de la synagogue, qui ne doit point rester vide cette nuit-là, y demeure jusqu'au matin. Assis sur l'estrade sacrée, une Bible à la main et revêtu de son linceul, il veille et prie sans s'effrayer des crépitations de la lampe perpétuelle suspendue devant l'arche sainte, ni des bruits insolites qui se font entendre vers minuit, quand les morts viennent à leur tour adresser leurs prières au Dieu d'Israël.

La fin du repas fut troublée par une triste nouvelle. À peine le rabbin avait-il achevé de réciter les sept bénédictions nuptiales, qu'on vint annoncer aux Marem que le jeune malade était à toute extrémité. Les parents sortirent aussitôt précipitamment, entraînant le plus grand nombre des convives.

## IV

Wintzenheim était rentré le lendemain dans son calme habituel. Les étrangers attirés par la noce étaient partis ; la jeune mariée avait suivi sa nouvelle famille à Bolwiller. L'excellent et hospitalier père Salomon s'en était retourné de son côté avec les siens. Seul, je restai quelques jours à Wintzenheim, voulant étudier de plus près les mœurs de cette communauté et parcourir les environs. J'eus ainsi l'occasion d'assister à une dernière et triste solennité de cette vie Israélite, dont presque toutes les curieuses cérémonies s'étaient en quelques jours succédé sous mes yeux.

Un soir, au retour d'une excursion dans la campagne, j'appris qu'un malheur trop prévu venait de frapper la famille Marem. Le fils du pauvre *parnass* venait de succomber. Il y a peut-être dans la douleur des juifs de la campagne quelque chose de plus vrai, de plus naïf encore que dans leur joie. En général, les israélites ressentent la perte d'un parent plus vivement que les autres hommes. On pourrait trouver à cela des raisons tout historiques.

Pourchassés pendant des siècles, séparés du reste de la société par des barrières infranchissables, ils ont dû constamment chercher dans l'union et les joies de la famille une consolation et un refuge contre les injustices du dehors. De là cette affection si vive entre les membres d'une même famille, de là cette affliction si profonde quand ils perdent quelqu'un des leurs. N'avaient-ils pas vécu de sa vie, joui de ses joies, souffert de ses souffrances ? Aussi meurent-ils en quelque sorte de sa mort. Ainsi s'expliquent les touchantes cérémonies des funérailles chez les juifs.

J'allai visiter les Marem. À peine étais-je entré dans la cour, que j'entendis des cris déchirants ; c'étaient la mère et ses deux filles s'abandonnant à leur douleur. Je les trouvai blotties derrière le poêle, les cheveux et les vêtements en désordre. Tantôt elles se jetaient dans les bras l'une de l'autre, tantôt, demeurant accroupies sur leurs chaises, elles balançaient leur corps d'une façon qui est particulière aux Orientaux dans l'affliction. Dès qu'elles m'aperçurent, elles s'élancèrent sur moi, m'entourant le cou de leurs bras et redoublant leurs sanglots. Toutes les fois qu'il entrait un ami ou quelqu'un de connaissance, elles avaient le même transport. Dans une pièce voisine, plusieurs rabbins, assis autour d'une table ronde, psalmodiaient des prières. Près d'eux se promenait machinalement le pauvre Marem. Il ne pleurait pas, mais il y avait dans son attitude et dans ses yeux plus de douleur que n'en peuvent exprimer des torrents de larmes. Une foule de voisins allaient et venaient dans cette maison. Çà et là apparaissaient à travers les portes entrebâillées quelques figures de pauvres, attirés par le malheur, comme ils l'avaient été par les fêtes et la noce. Chez les israélites de la campagne, les pauvres trouvent toujours leur compte dans les mauvais jours comme dans les bons. En face, on voyait la chambre mortuaire. Quelques bonnes femmes y cousaient le linceul. Au pied de son lit, le défunt était étendu, selon l'usage, sur une planche. La journée se passa en efforts inutiles pour consoler cette famille désespérée. Rentré un instant dans ma chambre solitaire, où je m'étais laissé aller à un sommeil agité, je fus bientôt réveillé en sursaut par deux coups secs frappés sur les volets et répétés de distance en distance dans le village : c'était le *schamess* faisant sa tournée pour convoquer aux funérailles. Il était quatre heures du matin à peine. Une foule nombreuse, répondant à l'appel funèbre, se dirigea vers la demeure de Marem. On se réunit dans la cour. Les derniers arrivants se rapprochaient des autres sans les saluer, sans leur parler. On ne se salue pas j on ne se parle pas dans la maison d'un mort.

En ce moment, la famille Marem passait par une rude épreuve ; je veux parler de la cérémonie de la *mehila*, qui précède de quelques moments le départ du convoi. Tous les parents entrèrent dans la chambre mortuaire. Devant eux marchait le *schamess*. Après avoir introduit le triste cortège, il le fit ranger en face de la planche sur laquelle gisait le mort, puis il invita la famille à faire son devoir. Alors ces malheureux se penchèrent l'un après l'autre vers la planche, et, soulevant le drap, qui recouvrait le mort, prirent dans leurs mains ses pieds glacés ; d'une voix étouffée par les larmes, ils balbutièrent la formule prescrite, et conjurèrent le défunt de leur pardonner dans l'éternité, si jamais ils l'avaient offensé sur cette terre. Puis on cloua provisoirement la bière, et le défunt, suivi de nous tous, fut porté au cimetière.

On n'entendait que le bruit de nos pas, interrompu tantôt par la voix solennelle du *schamess* demandant l'aumône pour les pauvres, tantôt par un clapotement d'eau jetée sur le pavé. Dans chaque maison juive placée sur notre chemin, on versait ainsi l'eau renfermée dans tous les vaisseaux de l'habitation, car cette eau était doublement profanée et par le passage d'un cadavre et par les gouttes de sang qu'y pouvait avoir laissé tomber, en essuyant la lame de son glaive libérateur, l'ange de la mort planant depuis la veille sur le village.

À l'entrée du cimetière s'élève une maisonnette dite *maison de purification*. On y déposa le mort pour procéder à sa dernière toilette. Conformément aux rites sacrés, il fut lavé avec de l'eau tiède ; on peigna ses cheveux, on lui coupa les ongles, on le revêtit ensuite de son linceul ; on lui posa sur les épaules une sorte d'écharpe appelée *thalet*, dont les extrémités venaient s'entrelacer dans les doigts de manière à faire figurer à chaque main les trois lettres hébraïques, *sin, daled, yad*, exprimant le nom sacré de l'Éternel, dieu des vivants et des morts.

Cependant des aumônes abondantes étaient, au nom au *parnass*, distribuées aux pauvres assis çà et là sur les tombeaux, et le rabbin haranguait l'assemblée. Quand on eut fermé le cercueil et qu'on l'eut descendu dans la tombe, le *schamess* alla quérir le malheureux Marem. C'était à lui que revenait le triste privilège de jeter les premières pelletées de terre sur son enfant. On quitta l'enclos sacré. Les assistants regagnèrent le hameau, non sans avoir arraché le long du cimetière, où elles poussent en toute saison, des poignées d'herbes sauvages qu'ils jetèrent par-dessus leur tête en signe de désespoir.

Là ne s'arrêtent pas chez les israélites de la campagne les cérémonies funèbres ni les regrets donnés aux morts. On reconduisit chez lui le père brisé par la douleur. On fit en commun la prière du soir dans la maison mortuaire ; immédiatement après, on y ouvrit le deuil. Les meubles furent déplacés, les glaces couvertes de crêpes. La mère et ses deux filles ôtèrent leurs souliers, puis s'assirent à terre, la tête voilée. Pour le moment, elles ne pleuraient plus, elles ne se lamentaient plus. Leurs pleurs étaient taris, leur voix presque éteinte. Le chef de la famille alla s'asseoir dans un coin de la chambre, sur un sac, cachant son visage dans ses mains. On ne le laissa pas longtemps savourer ainsi sa douleur ; on vint la raviver encore. Le *schamess* s'avança lentement vers lui, le secoua légèrement par le bras et le fit lever ; puis, tirant un couteau de sa poche et saisissant le revers du vêtement de Marem, il y pratiqua une coupure et le sépara en deux par une large et bruyante déchirure. Le malheureux père poussa un cri comme si en même temps on lui eût déchiré le cœur, et se laissa retomber sur le plancher. À cette vue, la mère et ses filles, vaincues par cet effort suprême, essaient de se lever, mais retombent anéanties. Scènes émouvantes et terribles ! Ne reconnaît-on pas là le désespoir biblique ? N'y a-t-il pas dans le cri de ces femmes voilées et se roulant à terre quelque chose de cette voix *de pleurs et de lamentations* qui fut entendue à Rama quand Rachel, ayant perdu ses fils, refusait d'être consolée « parce qu'ils n'étaient plus ? » Ce vieillard aux vêtements déchirés, assis sur un sac, c'est Job pleurant ses enfants et couché dans la poussière, c'est Jacob, un cilice sur les reins, sa tunique en lambeaux, menant le deuil de son fils de prédilection.

Aujourd'hui encore, comme autrefois, le grand deuil dure huit jours entiers. C'est pendant ces huit jours qu'on envoie à la famille du mort les *mets de l'affliction*, qui consistent en bouillon et en œufs durs. C'est pendant ces huit jours qu'hommes et femmes de la communauté viennent faire leurs visites de condoléance. On entre dans la chambre mortuaire sans frapper, sans saluer. On va chercher une chaise, on s'assied près de ceux qu'on vient ainsi consoler, on compose son visage sur leur visage, on soupire pour leur montrer qu'on partage leur chagrin ; mais on ne leur dit rien, à moins qu'ils ne vous adressent la parole : alors on ne doit les entretenir que de l'objet de leur deuil. Pendant huit jours aussi, on continue à faire matin et soir la prière en commun dans la chambre mortuaire. Près du lit funèbre, une longue tache d'huile, indiquant la taille du mort, en rappelle sans cesse le souvenir. Une veilleuse jette ses sinistres reflets sur le fond noir de la pièce, dont les volets demeurent fermés, et sur les figures consistées des parents, assis à terre. Près de cette veilleuse est placée une grossière tasse de terre cuite remplie d'eau. C'est dans cette eau que, pendant toute la durée du deuil, l'âme du défunt vient deux fois par jour se purifier avant de remonter au ciel.

Quand je quittai cette contrée aux mœurs patriarcales et à la foi robuste, quand je dus retourner dans ce Paris, où, pour nous autres Israélites alsaciens transplantés, la religion et les coutumes des ancêtres sont trop vite, hélas ! réduites à l'état de souvenir, je me promis bien d'entreprendre au moins une fois par an un pèlerinage dans nos campagnes de l'Alsace juive, de retremper souvent mon âme dans cette vie simple, dernier vestige d'une civilisation qui s'efface, composée de touchantes habitudes, de poétiques traditions et de douce bonhomie. Ces fêtes du mariage, ces solennités des funérailles se succédant en quelques jours au sein d'une même famille avaient été pour moi comme une vision des anciens temps, vision tour à tour riante et sombre, mais qui me laissait le désir de contempler plus d'une fois encore une société non moins digne d'une attention sympathique dans ses heures de joie que dans ses heures d'affliction.

# Chapitre II

Les fêtes Israélites de printemps et d'automne.

La vie juive en Alsace, qui perd chaque jour de son originalité dans les villes, a conservé dans un milieu plus humble, dans quelques communautés villageoises surtout, sa forte empreinte traditionnelle. Il est par exemple entre les Vosges et le Rhin tels villages israélites où la vieille Judée se maintient depuis des siècles avec toutes ses superstitions, toutes ses coutumes naïves, et aussi avec toute sa majesté patriarcale. C'est dans deux de ces villages, on s'en souvient peut-être, qu'un rapide séjour m'avait permis d'observer quelques traits de la vie simple et calme des familles juives de l'Alsace. Mon passage à Bolwiller et à Wintzenheim m'avait pourtant laissé un regret. J'y avais assisté sans doute à des fêtes domestiques pleines d'originalité ; mais c'est dans les fêtes religieuses principalement que l'antique civilisation hébraïque reprend tout son ascendant et revit en quelque sorte avec sa poétique grandeur. Une occasion me fut offerte heureusement, il y a une année à peine, de retourner en Alsace à trois époques des plus solennelles pour tout bon Israélite.

De cordiales invitations me ramenèrent dans le Haut-Rhin d'abord au temps des fêtes de *Paeçach* (Pâque), puis pendant la célébration du *rosch haschonnah* (nouvel an) et du *kippour* (jour des expiations), enfin au moment de la gracieuse solennité qu'on appelle les *cabanes*. J'allais donc vivre en plein Israël pendant les deux plus riantes fêtes de l'année, Pâque et les cabanes, aussi bien que pendant les jours sombres et redoutés du *rosch has-chonnah* et du *kippour*. J'allais pour quelque temps rentrer dans ce monde inconnu à la majorité des lecteurs profanes, et vers lequel m'attiraient mes plus anciens souvenirs d'enfance. Les scènes auxquelles j'assistai ne trompèrent pas mon attente : j'y reconnus la civilisation austère et forte, fruit de l'exil et du moyen âge, qu'une première excursion dans l'Alsace juive m'avait déjà fait entrevoir, et qu'il faut se hâter de décrire, car les conditions mêmes des sociétés modernes la condamnent à disparaître.


I

Ma première visite devait être pour le village de Bolwiller et pour l'excellente famille au sein de laquelle j'avais déjà trouvé un accueil hospitalier, celle du père Salomon, braye et digne vieillard qu'entourait avec une compagne fidèle toute une couvée jeune et florissante, deux jolies filles au beau type oriental et trois garçons au corps robuste, à la mine éveillée. C'était sous le paisible toit du père Salomon que j'allais passer les fêtes de la pâque juive en 1858.

Le 14 du mois de *nissan* (29 mars), je prenais donc le chemin de fer de Strasbourg à Bâle, qui devait me conduire à Bolwiller, où j'étais attendu vers deux heures de l'après-midi. L'œil fixé sur les riantes plaines à travers lesquelles m'entraînait la locomotive, je recueillais mes souvenirs sur ces mille coutumes invariables depuis les temps les plus reculés de l'histoire juive, et qui donnent un caractère d'originalité si profonde à la pâque des Hébreux : antique et curieuse fête, instituée pour rappeler la sortie d'Égypte et la miraculeuse délivrance d'Israël, quand, fuyant en toute hâte, les Hébreux emportèrent avec eux la pâte destinée au pain avant même qu'elle fût levée. De là le nom de *fête des azymes* et l'usage de manger pendant la pâque du pain sans levain. Je me rappelais en même temps avec quelle exactitude minutieuse les Israélites alsaciens, exagérant sans doute la pensée du législateur hébreu, se préoccupent d'enlever le levain de leurs maisons deux semaines avant Pâque. Pendant quinze jours, quel mouvement, quelle activité dans la population féminine de chaque logis ! Depuis le matin jusqu'au soir, ce ne sont que lessives et nettoyages. Casseroles et marmites sont rougies au feu. L'eau bouillante purifie les vases en or et en argent qui serviront pendant la fête. Une fois la semaine commencée, les relations de famille sont si rigoureusement suspendues, que le Messie lui-même, arrivant dans un village juif de l'Alsace, courrait grand risque de trouver partout porte close. Mais le grand jour approche enfin ! Dès la veille, quelle métamorphose dans l'intérieur ! Admirez ces glorieux chapelets d'oignons et d'échalotes qui s'étalent sur les panses rebondies des fours, ces brillantes assiettes d'étain rangées par douzaines sur les planches, et qui ne serviront que pendant la pâque seulement. Voici la salle à manger, qui est aussi la salle de réception. Tout y respire un air de fête, et il y règne une élégance rustique irréprochable. Les cadres des gravures, et notamment celui du *mizrach*, sont resplendissants ; des rideaux de calicot blanc parent toutes les fenêtres. Le plancher fraîchement lavé est recouvert de sable jaune et rouge. De tous côtés s'exhale la douce odeur des premières violettes de l'année. L'indispensable lampe à sept becs se balance tout près du fauteuil-trône nommé *lahne* dans le patois du pays, et où s'étagent les coussins à paillettes qui serviront de couchette au maître de la maison pendant les deux premières nuits de Pâque. Dans ce milieu, empreint de l'indéfinissable charme des traditions, comment ne pas évoquer de joyeuses scènes de famille ? comment ne pas penser surtout à la plus caractéristique des cérémonies qui précèdent la pâque, à cette cuisson du *matsès* ou pain sans levain, qui est une si importante occupation des ménagères juives de nos campagnes? Je revoyais l'immense table qu'on dresse dès six heures du matin près de la cuisine où flambe depuis la veille dans un four béant un immense feu de javelles. J'entendais les rires des robustes filles qui pétrissent la sainte pâte dans des bassins de cuivre, bien reluisants, les lazzis des travailleurs qui la roulent, la piquent et la mettent au four. C'est bercé en quelque sorte par ces visions du passé que j'arrivai dans le village où elles allaient se transformer pour moi en réalités du présent.

Dans la rue, que je traversai rapidement, je remarquai un premier signe de la fête. Des enfants parcouraient le village, un panier rempli de bouteilles au bras : c'étaient les enfants des riches *balbatim* (bourgeois) qui allaient porter, de la part de leurs parents, du vin du meilleur cru au rabbin, aux pauvres *talmudistes*, au ministre officiant, à l'instituteur, au *schamess* (bedeau), etc. Ne faut-il pas en effet que tout le monde célèbre dignement et gaiement la pâque ? Cependant le père Salomon m'avait aperçu ; il venait à ma rencontre. Nous échangeâmes le salut classique : *Salem alechem* (que la paix soit avec vous) ! — *Alechem salem* (que la paix soit également avec vous) ! Je fus bientôt entouré de toute la famille. La femme de mon hôte, la bonne Iédélé, ses filles et ses fils m'accueillirent avec leur cordialité habituelle. Quelques mots suffirent pour me mettre au fait des petits changements qui s'étaient accomplis depuis mon premier séjour à Bolwiller dans ce tranquille intérieur. Le père Salomon s'était retiré des affaires. L'aîné de ses fils lui avait succédé et se trouvait maintenant à la tête du petit négoce paternel ; c'était Schémelé qui faisait les achats et les ventes, traitait avec les chalands, et, à ce qu'il paraît, contentait tout le monde. Gentil et preste, il était, me dit sa mère, aimé et estimé de tous à Bolwiller comme dans les villages voisins. Aussi, quoique âgé de vingt-trois ans seulement, était-il devenu depuis quelque temps le point de mire de plus d'une famille, et déjà plus d'un *schadschen* (agent matrimonial) s'était adressé au père Salomon.

L'avouerai-je cependant ? le principal objet de ma préoccupation, ce n'était point la destinée de ces braves gens : j'étais venu pour assister à la célébration de la pâque selon les vieux rites. Aussi ne fut-ce pas sans émotion que j'entendis retentir les trois coups du *schuleklopfer*, qui interrompaient notre conversation pour nous appeler à la prière.

Nous nous rendîmes tous à la synagogue, splendidement illuminée, et l'office terminé, chaque famille regagna gaiement son foyer : le moment était venu de procéder au *séder*, c'est-à-dire à la cérémonie la plus caractéristique de la fête, et qui mérite à ce titre d'être fidèlement décrite.

La salle à manger de mon hôte était éclairée par la lampe à sept becs. La table était dressée comme si l'on allait dîner. Elle était couverte d'une nappe blanche. Il y avait des assiettes, mais pas de couverts ; sur chaque assiette, un petit livre en texte hébreu et illustré de gravures tirées de l'histoire du séjour d'Israël en Égypte et de sa sortie d'Égypte : c'était la *Haggada*, ou recueil des chants et des prières relatifs au cérémonial de la soirée. Le père Salomon commença par s'installer carrément dans le fauteuil-trône qui lui était réservé. On me fit asseoir tout près de lui : c'était la place d'honneur ; — d'un côté de la table carrée, la mère et ses filles ; vis-à-vis, les fils de la maison, habillés de neuf comme tout le monde, et, comme tout le monde aussi, la tête couverte, conformément à l'usage, qui est inflexible à cet endroit. Au bout de la table, je remarquai un homme à la figure anguleuse, coiffé d'un chapeau quelque peu bossue, portant une redingote râpée, mais parfaitement propre, et un madras jaune autour du cou pour cravate : Salomon m'apprit que c'était l'hôte familier des jours de fête, le pauvre Lazare, moitié mendiant, moitié marchand, car, dans les foires, il vendait des livres de prières hébreux pour le compte des imprimeries hébraïques de Redelheim et de Soultzbach. À côté du pauvre se tenait la grosse servante Hana, haute en couleur, les cheveux largement enduits de pommade à la rose et un tartan de circonstance sur le dos.

Au milieu de la table se dressait une sorte de plat en argent où étaient placés trois grands azymes, séparés l'un de l'autre par une serviette. Au-dessus de ces trois azymes, sur des sortes de soucoupes en argent, s'étalait une véritable *exposition* des choses les plus bizarres en apparence et les plus opposées : ici de la laitue, là une marmelade fabriquée avec de la cannelle, des pommes et des amandes ; plus loin, un gobelet plein de vinaigre ; plus loin encore, du cerfeuil, un œuf dur, un morceau de raifort ; enfin, tout à côté, un os recouvert d'un peu de chair. Tout cela pourtant avait sa signification et sa raison d'être. C'étaient autant de naïfs emblèmes. La marmelade figurait l'argile, la chaux et la brique que travaillaient les Israélites esclaves sous les pharaons. Ce vinaigre, cet œuf dur, ce raifort, ce cerfeuil, symbolisaient l'amertume et les misères de la servitude. Cet os enfin, recouvert d'un peu de chair, représentait l'agneau pascal. Chaque convive avait devant soi une coupe en argent ; celle du maître de la maison était en or. Sur une étagère voisine de la table étaient groupées des carafes pleines de vin blanc des meilleurs crus du pays, presque exclusivement du *kitterlé* et du *rangué*, le kitterlé, le rangué, ces cécubes et ces falernes du Haut-Rhin ! Selon la tradition, il y avait aussi plusieurs bouteilles de vin rouge. Ce soir-là, le vin rouge doit rappeler la cruauté des pharaons, qui se baignaient, dit-on, dans le sang des enfants hébreux.

Cependant le père Salomon avait entamé la prière de bénédiction qui ouvre la fête et la cérémonie. Les coupes avaient été remplies jusqu'au bord. La prière faite, le fils aîné de la maison, Schémelé, se leva, prit une aiguière sur une table voisine et versa de l'eau sur les mains du chef de la famille ; puis, sur un signal donné par notre hôte, tous les convives se levèrent à demi. Nous avançâmes tous la main vers le plat qui contenait les azymes, et à haute voix, nous dîmes ces mots placés en tête de la *Haggada* : « Voici le pain de la misère que nos pères ont mangé en Égypte, Quiconque a faim, qu'il vienne manger avec nous ! Quiconque est nécessiteux, qu'il vienne faire la pâque ! » La présence du mendiant Lazare à table mettait d'une manière touchante l'application en regard du précepte. La récitation continua. Selon l'usage, un des fils de la maison, le plus jeune, prenant la parole, demanda à son père, toujours en hébreu, et en lisant le passage dans la *Haggada*, ouverte devant lui : « Pourquoi toute cette cérémonie ? » Et le père répondit, les yeux fixés aussi sur le texte de la *Haggada* : « Nous avons été esclaves en Égypte, et l'Éternel notre Dieu nous en a fait sortir avec une main puissante et un bras étendu. » Chacun récita aussitôt d'après la Bible l'histoire détaillée de la merveilleuse sortie d'Égypte avec tous les miracles opérés par Dieu en faveur de son peuple et tous les bienfaits dont il le gratifia. Puis on goûta aux divers objets symboliques placés dans les soucoupes et exposés sur le plat. Devant le maître de la maison, et à côté de sa coupe, se dressait une autre coupe, d'une dimension beaucoup plus considérable. Salomon la remplit de son meilleur vin. À qui donc était destinée cette coupe ? C'était la coupe d'Élie le prophète, Élie, ce bon génie d'Israël, hôte invisible il est vrai, mais toujours et partout présent aux grandes cérémonies.

Le premier acte du *séder* était alors terminé. Le second, c'est-à-dire le repas, commença. Ici mon rôle d'observateur se bornait à remarquer l'abandon cordial qui régnait dans cette réunion de famille et la familiarité toute patriarcale avec laquelle intervenait dans la causerie le mendiant Lazare, mis à l'aise par d'amicales questions du père Salomon. Il y avait bien longtemps déjà que Lazare venait chaque année, aux grandes fêtes, s'asseoir à cette table ! Ces filles, ces jeunes gens, il les avait connus enfants, et si, en répondant à mon hôte ou en le questionnant à son tour, il plaçait devant son nom la formule de *herr* (monsieur), en revanche il n'appelait les filles et les fils de Salomon que par leur petit nom. Ce petit, vieillard, personnification saisissante de la Judée nomade, cumulait, je l'ai dit, avec le métier de *schnorrer* (mendiant) celui de marchand de livres hébreux. En cette double qualité, il parcourait pendant l'année entière toutes les villes, tous les bourgs et tous les hameaux de la Haute et Basse-Alsace. Aussi connaissait-il son monde juif à trente lieues à la ronde. C'était un gazetier ambulant, une chronique vivante que ce brave Lazare. Salomon, à chaque fête, se plaisait, pendant le repas, à le faire jaser, et Lazare, qui n'était pas fâché de payer à sa façon et avec sa monnaie l'hospitalité qu'on lui accordait, versait à pleines mains toutes les nouvelles qu'il avait pu recueillir dans les intervalles de sa vie tant soit peu vagabonde.

— Eh bien ! Lazare, lui dit brusquement le père Salomon, voulant entier en conversation avec le mendiant, comment vous traite ce *iontof* (jour de fête) ?

— Sur mon âme, monsieur Salomon, on se trouve mieux ici que sur la grand'route. Toute l'année durant, je mène une rude vie ; mais quand arrive le *iontof*, j'oublie mes misères et je les noie toutes dans ce bon vin, que je connais de longue date et qui me connaît.

Et il vida sa coupe, que Schémelé, à l'instant même, remplit de nouveau.

— Et les petites affaires ? continua Salomon.

— Ne m'en parlez pas ! Vous dirai-je que tout ce qui sort des imprimeries de Redelheim et de Soultzbach ne se vend quasiment plus ? Autrefois, à l'approche de Pâque, je vendais des *haggadas* en masse. Aux environs du *rosch haschonnah* (nouvel an) et du *kippour* (jour des expiations), je ne pouvais suffire, dans les foires, à toutes les demandes pour les recueils des prières de ces grandes fêtes. La fabrique, dont j'avais la confiance, me les passait à un prix fixe modéré, et ce que je pouvais en tirer en plus était pour moi ; mais depuis quelque temps il leur est venu en idée à Paris de traduire en français Bible, Rituel, *Haggada* et prières pour les grandes fêtes de l'année, tout enfin : c'est une abomination. Est-ce, que Dieu peut et veut être prié dans une langue autre que la langue de nos ancêtres de la Palestine ? C'est dans la grande *Bofel* (Babel) qu'on imprime ces belles choses. On envoie ces abominables traductions dans tous nos villages, où des *messieurs* comme le gros Getsch vont les colporter. Et dire, monsieur

Salomon, que la plupart de ceux qui les achètent ne comprennent pas plus le français que vous et moi ! Mais que voulez-vous ? C'est la mode à présent, à ce qu'il paraît. Aussi vrai, voyez-vous, que nous avons un Dieu unique, créateur du monde, aussi vrai que c'est aujourd'hui le premier soir de *Paeçach* (Pâque) dans tout Israël, tout cela ne peut nous amener que des malheurs. Qui est-ce qui a perdu Iérouscholaïm (Jérusalem) ? Les impies et les novateurs, n'est-ce pas ? Laissez faire ; les impies et les novateurs de Paris nous empêcheront d'y retourner et de la relever ; c'est moi qui vous le dis…

Le vieux mendiant allait commencer une sorte de prédication où plutôt de lamentation religieuse. Le père Salomon l'interrompit pour lui demander les nouvelles du pays, et Lazare s'exécuta de bonne grâce. Ces nouvelles étaient, comme on le pense, assez insignifiantes pour la plupart. Petites médisances sur les ministres officiants des villages voisins, sur les administrateurs de telle ou telle communauté, sur des fiancés dont quelque inadvertance avait fait avorter le mariage, voilà ce que nous débita Lazare avec une verve joviale qui rachetait la pauvreté du fond. Je remarquai pourtant qu'à propos de je ne sais quelle balourdise qui avait valu à un garçon de Dornach d'être renvoyé par sa belle, il adressa une allusion assez directe au fils aîné du père Salomon. — Ce n'est pas vous, Schémelé, dit-il en lui lançant un regard significatif, qui *tireriez un pareil bouc* (commettriez une pareille bévue). Votre langue à vous est bien pendue, et sans vous flatter, vous avez ce qu'il faut pour plaire aux belles de nos villages. Aussi, sur mon âme, j'en connais plus d'une… Laissez faire Ephraïm Schwab. — Et regardant malicieusement tous les assistants : — J'ai un petit oiseau, ajouta-t-il, qui me dit bien des choses ! Du reste, c'est un beau brin de fille que la petite Débora… Et le vieux Nadel est fort à son aise… Certainement de toutes les familles de Hegenheim…

— Assez bavardé comme cela ! interrompit ici le maître de la maison d'un ton moitié sérieux, moitié plaisant. Si on se laissait aller à toutes vos histoires, on pourrait oublier d'achever le *séder*.

Tout le monde avait repris son attitude première. On replaça sur la table le plat contenant les trois *maisès* enveloppés dans des serviettes ainsi que les différents objets symboliques. Fidèle à un antique usage, le père Salomon retira d'entre les coussins de son fauteuil, et recouvert d'une serviette, un demi-azyme qu'il y avait placé pendant la cérémonie. Cet azyme rompu en deux doit figurer le passage de la Mer-Rouge. Il en donna un morceau à chacun des convives. On récita ensuite la prière qu'on a l'habitude de dire à la fin de chaque repas, puis commença le troisième et dernier acte du *séder*.

— Schémelé, dit le père au fils aîné, tu peux maintenant ouvrir la porte.

Le jeune homme quitta sa place, ouvrit largement la porte de la salle à manger donnant sur le corridor, et aussitôt il s'écarta comme pour laisser passer un important personnage. Le silence pendant ce temps était profond. Quelques instants après, la porte fut refermée. Quelqu'un était certainement entré, mais invisible. C'était le prophète Élie. Il allait maintenant tremper ses lèvres dans la coupe qui lui était exclusivement destinée et sanctifier la maison par sa présence. Élie, se multipliant à l'infini, entrait à pareille heure dans toute maison Israélite où se célébrait le *séder*. Il était là comme le délégué de Dieu. Les coupes vidées après la prière de la bénédiction se remplirent en même temps pour la quatrième fois. On chanta ensuite quelques-uns des plus beaux psaumes de David avec des inflexions traditionnelles. On célébra encore la sortie miraculeuse de l'Égypte avec tous les événements qui l'ont précédée, accompagnée et suivie. Dans ce pieux concert, chacun rivalisait de zèle, d'entrain et de voix. Lazare avec sa basse formidable dominait tout. Les femmes, qui chez les Israélites ne doivent jamais chanter en public, mêlent ce soir leurs voix aux saints cantiques. La grande Hana, libre de son service, ses grosses mains rouges sur les hanches, debout derrière sa maîtresse, était plongée dans une sainte admiration. Les chants se prolongèrent, les libations devinrent de plus en plus copieuses. Ainsi le veut l'usage. À neuf heures, les femmes se retirèrent, les hommes restèrent à leur poste. Ce soir-là, on ne fait point avant de se livrer au repos la prière habituelle ; on est convaincu que cette nuit et la nuit suivante sont des nuits privilégiées pendant lesquelles Dieu veille, comme jadis en Égypte, sur toutes les maisons d'Israël. Peu à peu, sous l'influence toujours croissante du rangué et du kitterlé, et avec les dernières récitations d'usage, les yeux des convives restés à table s'allumèrent, les voix traînèrent, les têtes s'appesantirent. L'heure du sommeil, l'heure de la séparation était venue, et je me dis en regagnant ma chambre que la maison du père Salomon avait cette nuit-là grand besoin de la protection divine, car le digne homme et ses hôtes me semblaient des gardiens fort mal préparés à exercer quelque surveillance.

La cérémonie du *séder* se répéta absolument identique le lendemain soir, à la même heure, c'est-à-dire aussitôt qu'il fit nuit close. Ce jour-là et le lendemain (30 et 31 mars ou 15 et 16 du mois de nissan), il y a grande fête. On va au temple de bonne heure. Hommes et femmes étaient avec complaisance leurs habits et leurs robes, tout frais terminés. C'est plaisir de voir ces braves gens parcourir les rues du village, raides et empesés. On dîne à midi, et l'après-dînée est consacrée aux visites qu'on fait ou qu'on reçoit. Salomon, vu son rôle important dans la communauté, était de ceux qui attendaient les visites. Dans ce cas, en Alsace, on reçoit son monde à table, où le chef de la famille et tous les siens demeurent assis jusqu'à l'heure des vêpres. Le dessert reste sur la table et se renouvelle durant toute l'après-dînée, à mesure que les visiteurs le consomment. Dès qu'il entre quelqu'un, on l'accueille par ce salut hospitalier : *Baruchhtaba* (béni soit celui qui vient là) ! On lui fait prendre place à table, et immédiatement la servante pose devant lui un verre rempli du meilleur vin du pays. Vers les deux heures et demie, la salle où nous nous tenions était presque comble. Le bruit des conversations était assourdissant. Il y avait là Iékel, le frère de mon hôte, avec de nombreux parents, le voisin Samuel, le ministre officiant, l'instituteur communal et le *schamess* de Bolwiller. Quels étaient les objets de cette conversation bruyante et confuse ? Il serait difficile de le préciser. Le fait est qu'autour de moi on parlait un peu de tout. Il était question à la fois de politique, de chemins de fer, de synagogues récemment construites ou à construire, d'élections consistoriales, de nominations de *parnassim* (administrateurs des communautés juives), de la foire à bestiaux de Lure et de Saint-Dié. Enfin le *coucou* placé dans un coin cria quatre heures, et l'assemblée se sépara pour aller à la prière de *minha* (après-midi).

La fête de Pâque, comme celle des *cabanes*, dure huit jours ; mais sur ces huit jours, quatre seulement sont des jours de grande fête. Les jours intermédiaires, au nombre de quatre, sont des demi-fêtes seulement, appelées *halhamoed*. Ces demi-fêtes ont un caractère particulier. Pendant le *halhamoed*, les hommes laissent là les grosses affaires et n'expédient que le courant. Les femmes, en demi-toilette, ne travaillent pas, mais se font visite, ou se promènent soit aux abords du village, soit dans les villages voisins. C'est aussi pendant les jours de *halhamoed* que les galants vont voir leurs belles, et que se font d'ordinaire les fiançailles en Israël.

Le premier de ces jours de demi-fête, le père Salomon m'avait emmené sur un char-à-bancs, attelé de son petit cheval gris, dans un bourg des environs, à Dornach, chez un de ses parents. Vers le soir, nous revenions à Bolwiller. Le père Salomon faisait trotter le petit gris tout en fumant avec délices du tabac dit *violette* dans sa pipe des *iontof* (jour de fête). Le bonhomme avait grande envie de me faire ses confidences sur l'établissement qu'il rêvait pour son fils Schémelé. Comme je lui annonçais mon projet d'accepter une invitation pour la fête des *cabanes*, que je devais passer chez le petit Aron, un marchand de montres de Hegenheim : — Ah ! s'écria-t-il, vous irez passer les *cabanes* chez mon ami Aron,... à Hegenheim ! — Puis il reprit avec un sourire mystérieux, et en appuyant sur chaque mot : — Eh bien ! il n'est pas impossible que nous nous retrouvions à Hegenheim, et cela... pendant le *halhamoed des cabanes*...

— Eh quoi ! père Salomon, repris-je frappé d'une idée soudaine, Lazare le mendiant aurait-il dit vrai avant-hier soir au *séder*, et son petit oiseau l'aurait-il bien informé ?

— Est-ce que j'ai des secrets pour vous ? répondit gravement le père Salomon, et ici le vieillard mit son cheval au pas, porta sa main dans la large poche de sa redingote, en tira un immense portefeuille, l'ouvrit, y prit une grosse lettre, la déplia lentement tout en continuant d'aspirer bruyamment de sa pipe des bouffées de tabac ; puis me remettant la lettre : — Lisez, dit-il. — Cette importante missive, écrite en magnifiques caractères hébraïco-allemands, était adressée au père Salomon par le *schadschen* (négociateur en mariages) Éphraïm Schwab. Elle donnait les meilleurs renseignements sur la famille Nadel de Hegenheim, avec laquelle mon hôte projetait de contracter alliance. Quel parti pouvait mieux convenir au jeune Schémelé que la fille unique du riche Nadel, la belle Debora, « aux grands yeux d'épervier, au teint de rose et de lis, » pour parler comme Éphraïm Schwab ? « Votre Schémelé, disait en finissant le *schadschen*, pourra pendant le *halhamoed des cabanes* faire un tour à Hegenheim. Il descendra chez votre ami, le petit Aron, pour éviter ainsi qu'on ne jase. Je me rendrai de mon côté à Hegenheim à la même époque ; vous me fixerez le jour. J'accompagnerai Schémelé chez les Nadel. Si vous le voulez, j'écrirai dans ce sens, et ce sera chose entendue. Quant au *schadschoness* (honoraires de l'agent matrimonial), nous tomberons d'accord. J'ai fait dans ma vie bien des mariages, et je ne me suis jamais brouillé avec personne ; Dieu merci ! on connaît Éphraïm Schwab. »

— Et qu'avez-vous décidé ? demandai-je au père Salomon en lui remettant sa lettre.

— Je trouve le parti sortable. Je n'ai pris des informations qu'auprès de mon ami Aron, qui me dit d'aller de confiance. Donc mon Schémelé ira où vous savez le premier jour de *halliamoed des cabanes*. Vous serez là à la même époque, et si l'affaire se conclut, vous serez des nôtres…

À sept heures, nous étions de retour au logis. Trois jours après, la semaine de Pâque était terminée, et le père Salomon, sa femme, Schémelé, me reconduisaient jusqu'à la gare de Bolwiller. En attendant le *rosch haschonnah* et le *kippour*, j'allais retourner pour quelque temps dans la grande Babel, comme disait le mendiant Lazare. En me serrant la main, le père Salomon me recommanda une grande prudence pendant le voyage, car nous étions en temps d'*omer*. Ce mot me remit encore en mémoire une de nos vieilles superstitions israélites. De même que j'avais fait le premier trajet en évoquant les souvenirs de la pâque, j'eus, pendant le retour, l'esprit constamment occupé des souvenirs de l'*omer*. Qu'est-ce donc que l'*omer* ? demandera-t-on. C'est le temps qui s'écoule de Pâque à la Pentecôte ; mais, pour faire comprendre l'espèce de terreur mystérieuse qui plane sur cette période, il faut entrer dans quelques explications. — La Pentecôte des Juifs est la fête de l'anniversaire de la promulgation du décalogue ou de la révélation, événement accompli, comme on sait, *sept semaines* après la sortie des Israélites de l'Égypte. Voilà pourquoi la Pentecôte est encore appelée *Schebouoth* du mot hébreu signifiant *semaines*. Jadis, à Jérusalem, dans l'intervalle de Pâque à la Pentecôte, c'est-à-dire pendant cinquante jours, on faisait au temple, tous les jours, l'offrande d'une mesure (*omer*) d'orge. Aujourd'hui on ne fait plus d'offrande ; mais en revanche, et pendant tout le temps compris entre *Paeçach* et *Schebouoth*, tous les fidèles, au village, chaque soir, après la prière et à la nuit close, comptent les jours. On marque de la sorte l'impatience où l'on est d'arriver à la fête commémorative de la révélation. L'*omer*, pour les Israélites de la campagne, est une époque redoutable, où il se passe mille choses extraordinaires. Durant l'*omer*, tout enfant d'Israël est particulièrement exposé à la puissance et au caprice des esprits malfaisants. Pendant l'*omer*, l'influence des mauvais génies se fait sentir de tous les côtés ; il y a dans l'air alors quelque chose de dangereux, de fatal. Il faut donc se tenir sur ses gardes et ne tenter en aucune sorte les *schédim* (démons) ; autrement ils vous joueraient maints mauvais tours. Pendant l'*omer*, il faut veiller à tout, aux choses en apparence les plus banales, les plus insignifiantes. Écoutez plutôt les minutieuses recommandations des ménagères juives à cette époque de l'année. — Enfants, ne sifflez pas le soir pendant l'*omer*, car votre bouche se déformerait ; ne sortez pas en manches de chemise, autrement vous rentreriez avec des bras estropiés ; ne lancez pas de pierres dans les airs, elles se retourneraient contre vous ; gardez-vous de lâcher la détente d'une arme à feu, le coup vous blesserait vous-mêmes.

Hommes de tous les âges, en *omer* ne montez ni à cheval, ni en voiture, ni sur une barque ; le cheval s'emporterait, les roues de la voiture, fût-elle neuve, pourraient casser, et la barque ne manquerait pas de chavirer. Ayez surtout l'œil sur vos bêtes, car c'est à cette époque principalement que les *machschévess* (sorcières) s'introduisent dans vos écuries, montent en croupe sur vos vaches et sur vos chèvres, les frappent de maladies, les étendent à terre et corrompent leur lait. En pareil cas, pour vous le dire en passant, il faut tâcher de mettre la main sur celle que l'on suspecte, puis l'enfermer dans une chambre où l'on aura eu la précaution de placer dans un baquet le lait qu'elle aura corrompu ; fouettez ensuite ce lait avec une baguette de noisetier, en prononçant trois fois le nom de l'Éternel. Pendant que vous fouetterez ainsi le lait, vous entendrez des cris et des lamentations ; ce sera la sorcière qui gémira de la sorte, car c'est sur elle que retombent tous les coups de la baguette avec laquelle on fouette le lait. Or vous ne vous arrêterez que lorsque des flammes bleues viendront danser à la surface du lait : en ce cas seulement, le charme sera rompu ; mais il vaut mieux encore ne pas laisser le temps aux sorcières d'accomplir leurs maléfices. Donc, si pendant l'*omer*, à la tombée de la nuit, quelque mendiante vient demander à une famille un peu de braise pour allumer son maigre foyer, qu'on se garde bien de lui donner ce qu'elle demande, et qu'on ne la laisse jamais partir sans l'avoir tirée trois fois par un pan de sa jupe ; puis aussitôt, sans perdre de temps, qu'on jette de larges poignées de sel dans la flamme de l'âtre. Cette mendiante est peut-être une sorcière, car les *machschévess* saisissent tous les prétextes pour entrer dans les maisons et prennent tous les déguisements.

Tels sont les dangers de l'*omer*. On s'expliquera maintenant les sages recommandations de mon hôte de Bolwiller. Ai-je besoin de dire que je m'y conformai à la lettre ? Aussi j'arrivai à Paris sans que la machine eût sauté, sans que les roues du wagon fussent sorties des rails, et, comme je m'étais gardé de mettre le nez ou le bras à la portière, je n'avais reçu ni blessure ni contusion. Voilà ce que l'on gagne à ne pas tenter les *schédim* !

## II

On a pu voir quel est le caractère particulier de la pâque juive. C'est une fête de famille autant qu'une fête religieuse. Une des principales cérémonies de la pâque, le *séder*, a le foyer pour théâtre. Les préparatifs mêmes de la solennité entraînent mille soins domestiques. Tout autre est la physionomie des journées de prière qui ouvrent en septembre ou octobre l'année juive sous le nom de *rosch haschonnah* (commencement de l'an) et de *kippour* (expiation). Veut-on voir Israël au temple, veut-on savoir ce qu'il y a de grandeur austère dans les exercices religieux que ramènent chaque année a cette époque d'invariables traditions : c'est encore dans un de ces curieux villages israélites de l'Alsace qu'il faut se placer. Qu'on nous suive par exemple au sein de l'honnête et pieuse population de Wintzenheim. C'est là que nous assistâmes à toutes les scènes caractéristiques de ce temps de pénitence, et que nous passâmes même la mystérieuse semaine de *selichoth*, qui précède le *rosch haschonnah*, et qui est marquée, assurent les vrais croyants, par une intervention toute particulière des puissances surnaturelles dans les choses humaines.

Quiconque arriverait à Wintzenheim à trois heures du matin pendant le *selichoth* trouverait déjà la population debout et se rendant à la synagogue, docile à l'appel du *schamess* (bedeau), qui vient de traverser le village silencieux en frappant trois coups secs avec son marteau de bois, tantôt sur un volet, tantôt sur une porte cochère. Les prières durent jusqu'à l'aube. Qui peut dire à quelles redoutables rencontres s'exposent dans leur ronde nocturne le *schamess* et le *hazan* (ministre officiant) forcé de se rendre chaque nuit à la maison de Dieu ? Le *selichoth* est l'époque des apparitions, des revenants. Que de fois le *schamess* n'entend-il pas des voix sépulcrales se mêler au bruit du vent qui agite les saules pleureurs du cimetière ! que de fois le *hazan* ne voit-il pas des langues de feu éclairer devant lui les ténèbres, ou des fantômes effrayants lui barrer le passage ! Tout Wintzenheim s'entretient encore dans les veillées de l'apparition nocturne qui vint à pareille époque épouvanter, il y a quelque trente ans, le grand-rabbin Hirsch, de sainte et vénérable mémoire. Le rabbin demeurait tout près de la synagogue. Dans la maison du rabbin, et sous sa garde en quelque sorte, se trouvait le réservoir d'eau servant, selon le rit, aux ablutions des femmes. C'était la nuit. Le rabbin, sa *Guémara* devant lui, était profondément absorbé dans le saint livre. Au dehors, tout était calme et silencieux. Soudain le rabbin entend du côté de la cour et sous sa fenêtre une voix lamentable. Il ouvre la fenêtre, et voit un fantôme blanc qui tend vers lui des mains suppliantes. « Que veux-tu ? demanda le rabbin. — Je suis, répondit le fantôme, la femme de Faïssel Gaïsmar, et c'est hier qu'ils m'ont enterrée. Malade pendant six semaines, je n'ai pu le mois dernier me baigner dans le *mikva* (réservoir) ; je suis donc obligée de revenir. Rabbi, soyez assez bon pour me donner les clés du *mikva*. » Le rabbin, sans tarder davantage, jette à la suppliante le lourd trousseau de clés. Quelques instants après, il entendit le clapotement des eaux ; il distinguait très clairement le moment où la suppliante s'y plongeait et en sortait, secouant chaque fois ses cheveux imprégnés de l'humide élément. Puis le silence se rétablit. Le rabbin continua d'étudier sa *Guémara*, et vers les deux heures il s'endormit sur le volume sacré. À trois heures, il fut réveillé par le marteau de bois du *schamess*, qui l'appelait ainsi aux prières de *selichoth*. En sortant, il vit les clés du *mikva* suspendues comme d'habitude à sa porte.

Mais la dernière nuit du *selichoth* est passée. Alors commencent toute une série de fêtes d'un caractère profondément austère, et on me permettra de les décrire sans quitter la synagogue plutôt que d'insister sur les incidents assez ordinaires de mon séjour au sein d'une des familles les plus rigoristes de Wintzenheim. Le matin du *rosch haschonnah* est venu, et nous voilà dans le modeste temple du village. L'assistance est nombreuse et recueillie. Au milieu d'un profond silence, le ministre officiant ouvre les portes de l'arche sainte, et il en tire la *thora* (rouleau sacré de la loi). Après avoir fait entendre le chant accoutumé de glorification, il porte le rouleau sacré sur l'estrade placée au milieu de la synagogue, et déroule la *thora*. Le peuple écoute, et le chantre, sur une antique et mélancolique mélopée, se met à réciter, dans le texte hébreu, l'histoire de la vocation d'Abraham et du sacrifice d'Isaac, qui eut lieu à pareil jour. Israël rappelle à Dieu que par ce sacrifice il conclut avec lui une éternelle alliance, et c'est cet impérissable souvenir qui l'encourage à implorer de lui grâce et secours.

La lecture terminée, le talmudiste qui doit faire retentir le *schophar*, le pieux *rebb* Koschel, qui remplit ces fonctions à Wintzenheim depuis quarante ans, s'avance gravement sur l'estrade où l'attend le rabbin. Tous les deux s'enveloppent la tête du voile de soie en usage dans les prières, et qu'on nomme *taleth*. Après une courte prière, rebb Koschel tire le *schophar* de son étui de toile blanche. « Sois loué, Seigneur notre Dieu ! dit-il. Sois loué, roi de l'univers qui nous as sanctifiés par tes commandements et qui nous as ordonné de sonner du *schophar* ! » Ces mots annoncent que la trompette sacrée va retentir, et tous les regards se baissent aussitôt, car nul ne doit voir celui qui sonne du *schophar*. Rebb Koschel porte à sa bouche la corne de bélier, attendant les ordres du rabbin. — *Téquiô* (son de trompette) ! crie celui-ci, et un son tout métallique répond à cet ordre. — *Schevorim* (brisements), et il sort du *schophar* comme une plainte entrecoupée, — *téroua*

95

(retentissement), et le son tremble et se précipite. Chacun de ces ordres est exécuté plusieurs fois jusqu'à ce que *vingt-neuf* sons soient sortis du *schophar*. Quand le dernier son a retenti, on reporte en chantant le rouleau sacré dans l'arche sainte. Un nouveau service commence. Le chantre, tantôt seul, tantôt accompagné de la voix, de tous les assistants, rappelle l'origine et le but de « cette sainte journée de convocation. » Aujourd'hui donc l'univers entier comparaît devant Dieu ; aujourd'hui il sera décidé « qui sera heureux, qui ne le sera point, qui aura la guerre, qui aura la paix. » Dieu sera bon et clément pour son peuple en souvenir des patriarches, en souvenir de lui-même et de tout ce qu'il a fait pour son peuple depuis sa sortie d'Égypte jusqu'à son arrivée dans la terre de Chanaan ! Et à un moment donné on se prosterne la face contre terre pour implorer la clémence du Très-Haut. Viennent ensuite le triple *Sanctus* et l'*Hosannah* traditionnel dit la *Kedouscha* (sanctification), précédés d'un admirable et célèbre morceau composé, dit-on, et improvisé par le martyr rabbi Amnon de Mayence :

« Je proclame la grande sainteté de ce jour, jour redoutable, terrible, solennel. Ton autorité, Seigneur, s'affermira en ce jour ; c'est que tu es juge et en même temps accusateur et témoin. Tu prends acte de nos actions, tu les enregistres et tu y apposes ton sceau. Tu te souviens de toutes nos actions, et quand la grande trompette du jugement retentit, les anges eux-mêmes frémissent d'une indicible terreur, car devant ta pureté suprême eux-mêmes ne seront pas trouvés innocents. L'univers entier passe sous ton regard, comme les troupeaux sous les regards du berger. Au jour du *rosck haschonnah* tu décides et au jour du *kippour* tu arrêtes irrévocablement les destinées d'un chacun ; mais la pénitence, la prière et la charité effacent l'arrêt fatal. Ta colère est lente à s'allumer et prompte à s'adoucir. Tu ne veux pas la mort de ta créature ; tu connais la force de ses passions, et tu sais que l'homme est fait de chair et de sang. L'homme périssable, dont l'origine est poussière, ressemble à un vase fragile, à l'herbe desséchée, à une fleur flétrie, à l'ombre fugitive, au nuage qui disparaît, au vent qui souffle ; il se dissipe comme la poussière et s'évanouit comme un songe. Mais toi, roi de l'univers, tu es tout-puissant et éternel. Tes années sont innombrables, la durée de tes jours est infinie ; le mystère de ton nom est impénétrable. Ton nom est digne de toi, et toi tu es digne de ton nom. Agis donc en faveur de ton nom, et glorifie-le d'accord avec ceux qui le glorifient. »

Le *rosch haschonnah* dure deux jours. Pendant les deux jours, ce sont les mêmes prières, les mêmes cérémonies. Chaque après-midi aussi, sur les deux heures, les jeunes gens du village se réunissent de nouveau à la synagogue pour, y réciter en commun et à haute voix les plus beaux psaumes de David. Il est des années où cet acte de piété s'exerce avec un redoublement de ferveur : c'est lorsque le matin même le *schophar*, malgré l'habileté du pieux sonneur, n'a pas rendu tous les sons avec la netteté et la clarté accoutumées, car c'est là un mauvais augure pour l'année qui va s'ouvrir, et alors, quelque ferventes que soient les prières qu'on adresse à Dieu dans l'après-midi du même jour, on ne parvient pas toujours à détourner le sinistre présage : c'était en 1807 ; le pieux rebb Auscher sonnait alors le *schophar* à Wintzenheim. Le rabbin en vain avait dit à haute et intelligible voix, comme à l'ordinaire : *Téquiô, schevorim, teroua* ! Rebb Auscher, de toute la vigueur de ses poumons, soufflait dans la corne de bélier ; il n'en sortait que des sons faux, tronqués, étranges. L'après-midi, la *kehila* (communauté) tout entière priait le ciel de détourner le présage. Le ciel souvent dans ses décrets est incompréhensible. Six mois après, en expiation sans doute de quelques péchés inconnus, les deux tiers de la communauté étaient emportés par une épidémie dont Wintzenheim conserve encore le lamentable souvenir.

Après avoir assisté à la célébration du *rosch haschonnah*, je ne pouvais songer à quitter Wintzenheim avant la solennité du kippour, que dix jours seulement séparent des cérémonies du nouvel an. Dans l'ancienne Judée, quand Israël était une nation, le *kippour* était célébré à Jérusalem avec une solennité sans égale. Le grand-prêtre, devant le peuple réuni sur le parvis du temple, immolait d'abord les victimes ordinaires, puis on lui amenait les deux boucs expiatoires. L'un était destiné à Jehovah, et avec son sang on arrosait les autels du temple ; l'autre, dont le nom est resté proverbial, était le *bouc émissaire*. Le grand-prêtre lui imposait les mains ; puis, confessant les péchés d'Israël, il le chargeait symboliquement des iniquités de tous et l'envoyait au désert. Le grand-prêtre rentrait ensuite dans le saint des saints et implorait le pardon de Dieu pour le peuple agenouillé dans l'enceinte du temple. Tel était l'ancien *kippour*. La cérémonie qui garde ce nom dans l'Israël moderne n'a rien perdu de sa majesté primitive ; ce jour est resté pour les populations juives austère, religieux, solennel entre tous. Dans cet humble village de Wintzenheim, il n'était pas de maison où l'on ne s'y préparât pieusement. Les villageois que leurs affaires retenaient d'ordinaire dans les montagnes ou dans la vallée voisine de Munster étaient revenus pour unir leurs prières à celles de leur famille. Étrange spectacle que celui de cette influence persistante des vieilles traditions sur une race que l'on croit vouée exclusivement au culte des intérêts matériels !

Dès la veille du *kippour* a lieu dans chaque ménage la cérémonie de la *kapora*. Une table sans nappe ni tapis est dressée au milieu de la pièce principale du logis. Sur cette table est un rituel, ouvert à un certain passage marqué d'avance. Des coqs et des poules gisent garrottés sur le plancher. Le chef de la famille s'avance, il délie les pattes d'un des coqs, le prend à la main, et lit dans le rituel la prière qui a traita la cérémonie. Arrivé à un certain endroit de la prière, il soulève le coq, lui fait décrire trois cercles autour de sa tête et répète à haute voix : « Sois mon rachat pour ce qui doit venir sur moi. Ce coq pour racheter mes péchés va s'en aller à la mort. » Tous les assistants en font autant à tour de rôle. Les poules sont réservées aux femmes, les coqs représentent la rançon des hommes. Une fois la *kapora* terminée (et on a pu y reconnaître un souvenir manifeste du bouc émissaire de l'ancienne Jérusalem), on envoie coqs et poules chez le ministre officiant, qui seul a qualité pour les tuer selon le rit, c'est-à-dire en leur coupant la trachée-artère.

On lit dans le *Deutéronome* : « Si le méchant a mérité d'être battu, le juge le fera jeter par terre et battre devant soi par un certain nombre, de coups, selon l'exigence de son crime. Il le fera donc battre de quarante coups. » La veille du *kippour*, cette prescription du *Deutéronome* reçoit une application symbolique. Les hommes seuls, sans habits de fête, se rendent à la synagogue vers une heure de l'après-midi. Après avoir récité une prière, les assistants se placent deux à deux ; l'un se couche par terre, l'autre, debout et tenant à la main une lanière de cuir, l'en frappe légèrement. À chaque coup de lanière qu'il reçoit, l'homme couché se frappe la poitrine. Après que chaque couple a exécuté ainsi la sentence biblique, on se retire pour revenir le soir. La synagogue est alors magnifiquement illuminée. Les hommes ont apporté la tunique de lin qui leur servira de linceul, et que tout bon Israélite prépare longtemps à l'avance. Us revêtent à l'office cette tunique, leur futur habit de mort, et cachent leur tête sous les plis du saint *taleth*. Ainsi feront-ils le lendemain durant tout le jour. Pendant trois heures, les prières se succèdent, le chantre et les fidèles se répondent à haute voix. La nuit est complètement close quand on se sépare.

Un mot encore sur cette nuit, veille du *kippour*, nuit mystérieuse entre toutes, où souvent l'on a vu s'accomplir d'étranges événements. C'est durant cette nuit, longtemps après que les fidèles sont rentrés dans leurs demeures, que les morts viennent à leur tour processionnellement à la synagogue. Revêtus de leurs linceuls, les défunts habitants de la communauté adressent leurs prières au dieu d'Israël. À un moment donné, vers minuit ordinairement, et sans qu'on les entende ni remuer ni marcher, ils s'avancent, à la lueur de la lampe perpétuelle, vers le tabernacle. Ils l'ouvrent, en retirent un rouleau de la *thora*, et le portent sur l'estrade sacrée. Alors l'un d'entre eux se met à lire dans la *thora* les différents paragraphes du chapitre que le lendemain même, jour de *kippour*, le *hazan* de la communauté lira aux fidèles. Avant la lecture de chaque paragraphe, le *hazan* des morts prononce le nom d'un des membres actuels de la communauté. Et malheur à celui des vivants dont le nom aura été prononcé cette nuit dans l'assemblée funèbre ! Les habitants de Fegersheim racontent encore que la veille du *kippour* de l'année 1780, rebb Salmé Baumblatt, sonneur de *schophar* dans ce village, revenait de chez sa fille, récemment accouchée et malade ; il s'était attardé. Or pour regagner sa maison il lui fallut passer devant la synagogue. Il était près de minuit au moment où il tourna l'angle de l'édifice sacré. Soudain il entendit très distinctement ces mots : *Salmé Baumblatt* ! Il frissonna, puis il ajouta avec calme : « Déjà ? » — « Sorlé, dit-il à sa femme quand il fut de retour chez lui, il est inutile que demain soir, après le *kippour*, tu serres mon *kittel* (linceul), car avant qu'il soit peu j'en aurai besoin. » L'incrédule Sorlé se mit à rire. « Ris tant que tu voudras, répliqua son mari, je sais ce que je dis. » Hélas ! le rire de la pauvre femme se changea bien vite en pleurs, car trois jours après cet entretien on porta Salmé Baumblatt au cimetière de Fegersheim.

Mais le jour vient mettre un terme à cette fête des morts, et ramène les vivants au temple, qu'ils ne quitteront guère qu'après le coucher du soleil. Ce jour est celui du *kippour* proprement dit. Tout le monde est déchaussé. Quelques fidèles poussent la dévotion jusqu'à ne pas s'asseoir pendant toute la durée de ce long office. Quatre fois le peuple se confesse et se prosterne. Chacune de ces confessions, que Dieu seul reçoit, est précédée de prières composées par des docteurs de la synagogue, et dont quelques-unes sont vraiment d'une rare éloquence, celle par exemple qui sert d'introduction à la grande confession du matin, et dont l'auteur est rabbi Samtob, fils d'Adontiat.

« Maître de l'univers ! quand je vois que la vigueur et l'éclat de ma jeunesse sont évanouis, que tous mes membres ne sont plus qu'une ombre, et que je suis teint et infecté de crimes…, je désespère de trouver la guérison de mes rébellions et d'avoir la force de faire pénitence, car les jours sont courts, et l'ouvrage est immense… Combien le rachat de mes péchés est cher ! Comment pourrais-je m'en laver, moi qui suis pauvre et misérable ? Cette réflexion me fait courber la tête comme un jonc, me fait verser des larmes de sang et éparpille mes entrailles, comme lorsqu'on sème du cumin et de la nielle. Il est vrai que mes sentiments, en m'encourageant, me disent : Implore le pardon, car il y a du temps encore ; et quoique le juge soit terrible et sévère, ne désespère point des miséricordes, puisque le soleil est encore dans les hauteurs et qu'il ne se presse point de finir sa carrière, jusqu'à ce que tu aies trouvé de la place pour tes cris et une porte ouverte pour tes prières… »

Non moins belle est ta prière qui précède la grande confession de l'après-midi. Elle est l'œuvre du rabbin Isaac, fils d'Israël. Qu'elle répond bien au repentir et à la contrition de toute cette assemblée !

« Maître de l'univers ! quand j'ai fait réflexion, à l'heure de la prière de l'après-midi, à l'énormité de mes crimes, j'ai tremblé de peur, j'ai été saisi d'étonnement en m'apercevant que le Tout-Puissant va se lever pour me juger. Que lui dirai-je quand il me demandera raison de mes actions ? Que répondra cette chétive poussière de terre devant celui qui réside dans les lieux les plus élevés ? J'ai désiré d'avoir un bon avocat pour me défendre, je l'ai cherché soigneusement dans moi-même, et je ne l'ai point trouvé. J'ai appelé ma tête, mon front et mon visage, afin qu'ils implorassent le Seigneur pour moi. La tête m'a répondu : Comment pourra lever la tête celui dont la vie n'a été que mépris et orgueil ? Le visage m'a fait réponse : Comment attirera la bienveillance de son maître cet homme qui est si effronté ? Et le front m'a dit : Comment, ô malheureux mortel, veux-tu te rendre innocent quand tes crimes sont encore gravés dans ton cœur, et que tu as un front d'airain ? »

Entre la prière de *minha* (après-midi) et celle de la *nehila* (clôture) se place une antique et touchante cérémonie. C'est la bénédiction donnée au peuple par les descendants de la famille d'Ahron. À peu de chose près, cette cérémonie se pratique comme elle se pratiquait autrefois, à pareil jour, dans le temple de Jérusalem. Dans chaque communauté juive, il est des familles qui ont conservé le nom de *Cohen* ou *Cohanim* comme descendants d'Ahron, d'autres celui de *Lévi*, comme descendants de la tribu du même nom. Les lévites, on le sait, étaient les serviteurs de la famille sacerdotale. Donc en ce jour de *kippour*, vers trois heures et demie, les *Lévi* présents dans l'assemblée s'avancèrent du côté de l'arche sainte. L'un deux tenait d'une main une aiguière pleine d'eau, de l'autre un bassin. Ensuite, et du même côté, s'avancèrent les *Cohanim* de la communauté. Chacun des Lévi versa alternativement de l'eau sur les deux mains de chacun des *Cohanim*. Ainsi jadis les lévites servaient les prêtres et les aidaient dans leurs pieuses fonctions. Les Lévi retournèrent à leur place. Les *Cohanim*, ainsi purifiés, montèrent lentement les degrés qui conduisent à l'arche sainte. Tout à coup le ministre officiant appela les *Cohanim*. Alors ceux-ci, après s'être couvert la tête du *taleth*, se tournèrent du côté du peuple, qui baissa les yeux. Il n'est pas plus permis de regarder en ce moment les *Cohanim* qu'il n'est permis, le jour du *rosch haschonnah*, de regarder l'homme qui sonne du *schophar*, car alors l'esprit divin plane sur la tête du sonneur de *schophar*, comme maintenant il rayonne sur le front des Ahronides. Ceux-ci, écartant les doigts de chaque main de façon qu'il y en eût trois d'un côté et deux de l'autre, les étendirent vers les fidèles, et en chœur, sur un air traditionnel, prononcèrent la bénédiction, qui est celle-là même que Dieu dicta à Moïse pour être enseignée aux Ahronides. C'était la même bénédiction que donnaient jadis les prêtres au peuple alors que le temple était debout : « Que l'Éternel te bénisse et te prenne sous sa garde ! Que l'Éternel fasse luire sa face sur toi et te fasse grâce ! Que l'Éternel tourne sa face sur toi et te donne la paix ! »

Le *kippour* se termine par la récitation d'une touchante prière, celle de la *nehila*, prière finale, comme l'indique le mot hébreu. À ce moment, les premières ombres de la nuit envahissent déjà le temple. Alors, comme dernier acte de cette grande journée, le ministre officiant, au milieu du silence universel, proclame l'antique dogme de l'unité de Dieu, qui est comme la devise d'Israël : « Écoute, Israël, le Seigneur est notre Dieu, le Seigneur est un. » Et le peuple répète ce verset avec un accent d'enthousiaste conviction. Le *schophar* retentit aussitôt, annonçant la clôture de l'imposante cérémonie, et chacun s'éloigne en silence.

### III

L'automne est la saison où les fêtes religieuses se multiplient pour Israël. Septembre était revenu avec ses matinées fraîches et brumeuses, avec ses soirées déjà longues, et je n'avais pas quitté l'Alsace. C'est à Hegenheim, village situé sur la frontière suisse, à une lieue seulement de Bâle, que je voulais observer l'une des fêtes qui m'avaient laissé depuis l'enfance les plus gracieux souvenirs, la fête des *tabernacles* ou des *cabanes*. Hegenheim est habité de temps immémorial par une nombreuse population juive, composée de marchands de bétail, de colporteurs, d'horlogers, dont les affaires se font en Suisse et avec la Suisse. C'est un brave horloger, le petit Aron, ami du père Salomon, qui m'avait offert l'hospitalité, et la veille de la fête (22 septembre) j'arrivai chez lui, fidèle à ma promesse.

Pour les Israélites de la Palestine, la fête des *tabernacles* était une fête à la fois pastorale et historique : elle marquait la fin de toutes les récoltes, la rentrée de tous les fruits des arbres et de la vigne. Aussi, comme symbole sans doute de la récolte, la loi ordonnait-elle de porter au temple, le premier jour de la fête, un faisceau composé de plusieurs plantes. Comme fête historique, les *tabernacles* devaient rappeler la vie nomade des Israélites dans le désert, et en commémoration de cet événement on devait chaque année demeurer à cette époque, pendant sept jours, sous des tentes. De là le nom de fête des *tabernacles* ou des *cabanes*.

Tout cela dans nos campagnes est rigoureusement observé. Trois jours avant la fête, partout au village, quel mouvement et quelle activité ! Hommes, jeunes gens, enfants, tous travaillent à la *soucca* ou cabane. Dans chaque cour, au coin de chaque rue, sur toutes les petites places, on dresse de rustiques abris pour soi et pour sa famille. Quatre poteaux solides, profondément plantés dans le sol, forment comme les fondements de ces huttes en plein air. Entre chaque poteau s'échelonnent des perches formant comme les murs de la cabane. Ce mur, à l'extérieur, est recouvert de feuillage et de mousse ; à l'intérieur, pour se garantir contre l'air, de larges tentures blanches sont suspendues de tous côtés et viennent flotter jusqu'à terre. Le plafond est formé d'un treillis de bois sur lequel on dispose dans tous les sens des branches de sapin coupées dans les forêts voisines, et dont les paysans d'alentour, qui connaissent à merveille leur calendrier juif, viennent, depuis plusieurs jours, chaque matin, approvisionner les marchés des hameaux. L'ornementation du plafond de la hutte repose sur des traditions invariables. Des chaînes de papier bleu et jaune sont suspendues en guise de draperies à côté de branches d'églantiers avec leurs baies rouges, qui se détachent agréablement sur la verdure. On fixe au treillis tous les fruits de la saison, poires, pommes, raisins, noix. Enfin, non loin de la porte, se balance majestueusement, — indispensable, mais infaillible préservatif contre toute influence malfaisante, — un glorieux oignon rouge piqué, en guise d'ornement, de plumes de coq. Aucun esprit malin, quelque malin qu'il fût, de mémoire d'Israélite en Alsace, n'a pu, soit le jour, soit la nuit, pénétrer dans une *soucca* pourvue du précieux tubercule. Au centre du plafond, à la même distance du treillis que les autres ornements, un triangle en baguettes dorées figure la forme classique du bouclier de David (*mogan Doved*), et dans ce triangle passe l'allonge dentelée qui soutient la lampe à sept becs. Quelquefois la pluie survient ; mais on a pourvu à tout, et des battants de porte sont tout prêts pour servir de toit au frôle édifice. Alors même on se serre plus joyeusement dans la tente improvisée que le sapin parfume de son odeur pénétrante, et c'est un plaisir que d'écouter le soir la pluie tomber sur les verts feuillages, parure et abri de la *soucca*, tandis que la lampe répand sa clarté vacillante sur une table servie avec l'abondance alsacienne.

C'est chez mon hôte d'Hegenheim, on s'en souvient aussi, que le fils du père Salomon, le beau Schémelé, était attendu comme moi pour l'époque des *cabanes*, et on sait que la fête religieuse n'était pas le seul motif de ce voyage. Il s'agissait de donner suite à une négociation de mariage commencée par le *schadschen* Éphraïm Schwab. Schémelé et Débora, la fille du riche Nadel, allaient se voir pour la première fois, et, s'ils s'aimaient, je pouvais compter sur le curieux spectacle d'une cérémonie des fiançailles accomplie selon l'étiquette traditionnelle des Israélites de l'Alsace.

La solennité religieuse que ramènent chaque année les *tabernacles* a dans la synagogue le caractère rustique qu'on retrouve dans les joyeuses réunions de famille au milieu des *soucca*. On se rend à la synagogue dès le matin. Les fidèles portent dans la main gauche un petit panier ou une boîte dorée contenant un cédrat, dans la main droite une longue branche de palmier (*loulef*) à laquelle est attaché un bouquet de myrte. Tout cela doit rappeler le côté pastoral de la fête. Il y a dans la cérémonie un moment caractéristique, celui où, répondant par un *hosannah* solennel au chantre qui proclame la bonté divine, toute l'assistance fait le tour de la synagogue en agitant les branches de palmier qui s'entre-choquent avec bruit, et répandent je ne sais quel sauvage parfum qui fait penser à l'Orient.

L'après-midi du premier jour de fête, nous fîmes, selon l'usage, nos visites. Aron me conduisit tout d'abord à la *soucca* du père Nadel, qui était vraiment une *soucca* modèle. Sur chaque paroi était inscrit en caractères hébraïques formés avec des fleurs blanches et roses ce verset de la Bible relatif à la fête : « Vous demeurerez sept jours sous des cabanes. » À l'intérieur de la tente, le père Nadel trônait majestueusement entre sa femme et sa fille. Dès que nous entrâmes : — Messieurs, asseyez-vous, s'écria-t-il. Nous avons ici de la place pour tout le monde. Débora, des verres, des biscuits, du vin pour ces messieurs ! — Je regardai la jeune fille, qui nous servait avec une gracieuse et avenante prestesse. Éphraïm Schwab avait raison :

c'était un beau brin de fille que Débora. Quels yeux, quel teint éblouissant, mais surtout quels cheveux ! C'était la chevelure juive dans sa luxuriante beauté. Malgré les dents d'un peigne énorme qui la mordaient fortement, cette chevelure menaçait à chaque instant de s'en échapper et de se dérouler.

— Fradel, dit le père Salomon à sa femme en me désignant, c'est le monsieur dont je t'ai parlé, c'est un ami de la famille Salomon.

Débora rougit légèrement.

— A votre santé ! messieurs. C'est aujourd'hui *iontof* (fête). Goûtez-moi de ce vin rouge. Ce n'est pas encore de mon meilleur. Pas vrai, Fradel ? pas vrai, Débora ? J'ai un certain vin de paille avec lequel vous ferez connaissance…

— Après-demain          peut-être,          acheva malicieusement Aron.

— Hé ! hé ! fit Nadel d'un air important.

— Tais-toi donc, interrompit la maîtresse de la maison ; est-ce qu'on peut savoir ? On a vu…

— Allons donc ! reprit Aron ; après-demain, c'est moi qui vous-le dis, *nous casserons la tasse*.

Débora souriait maintenant.

La conversation fut soudain interrompue par l'arrivée d'un flot de visiteurs endimanchés. Nous cédâmes la place aux nouveau-venus pour continuer notre tournée selon la coutume du *iontof*.

Le premier jour de *halamoëd* (demi-fête) était arrivé. C'est ce jour-là même que mon ami Schémelé était attendu chez Aron. La journée était belle. Un bon soleil d'automne brillait à l'horizon. Le village était animé. Des voitures arrivaient et partaient chargées de monde. C'étaient, comme on dit dans le pays, des *gens de halamoëd* allant les uns faire des parties dans des villages voisins, d'autres venant visiter Hegenheim. Des groupes désœuvrés se promenaient ou s'asseyaient sur les poutres, dans la rue, pour deviser à leur aise. Il était une heure à peu près. Nous venions de prendre le repas de midi dans la cabane d'Aron. De loin, un bruit de voiture se fit entendre, et nous aperçûmes bientôt un char-à-bancs jaune attelé d'un petit cheval gris. La voiture s'arrêta devant la maison d'Aron, et le jeune homme qui la conduisait n'avait pas encore eu le temps d'en descendre, que les fils de mon hôte s'étaient élancés à sa rencontre. Le nouvel arrivant n'était autre que le fils de mon vieil ami Salomon, l'élégant Schémelé. Par une singulière coïncidence, à peine le jeune homme était-il entré dans la maison en fête et avait-il répondu aux cordiales félicitations de ses hôtes, qu'un autre personnage, également attendu à Hegenheim, se présenta. C'était un homme d'environ soixante-cinq ans. Il était coiffé d'une casquette de loutre, vêtu d'une redingote verte, portait culottes courtes et bottes à revers jaunes. Il était tout poudreux. — Eh bien ! s'écria-t-il dès qu'il vit Schémélé, qui s'époussetait encore, vous ne m'avez pas devancé de beaucoup ! — Le digne négociateur en mariages, Éphraïm Schwab, avait, lui aussi, été exact au rendez-vous.

Quelques heures après, une visite faite aux Nadel mettait en présence Débora et Schémélé. Le résultat de cette rencontre, on le devine. Une dépêche adressée au père Salomon le soir même lui annonça qu'on l'attendait pour la cérémonie des fiançailles, fixée au surlendemain. Je me gardai bien de quitter Hegenheim avant d'avoir assisté à cette cérémonie, qui fut célébrée avec cette scrupuleuse fidélité aux traditions qu'on retrouve dans tous, les villages israélites de l'Alsace.

Dès le matin, la grande Dina, le premier cordon-bleu de Hegenheim, avait pris possession de la cuisine des Nadel. Les cris des oies et des poules dont on allait faire un vrai massacre se mêlaient au tintement du mortier de cuivre, où l'on pilait force sucre et cannelle pour la pâtisserie. Des fumets délicieux s'exhalaient aux alentours de la maison, et, en sortant de la synagogue, les passants disaient : — Ça sent le *knasmal* (repas des fiançailles).

Dès six heures, la plus belle salle de la maison recevait les principaux invités. Ln tapis de perse recouvrait une table ronde placée au milieu de la pièce. Nadel, sa femme, le père Salomon et la bonne Iédelé, Aron et tous les siens étaient réunis. Schémelé et Débora, assis l'un près de l'autre, s'entretenaient presque à voix basse, se regardaient souvent avec une satisfaction réciproque sans rien dire, puis causaient encore. Éphraïm Schwab, allant et venant, présentait à tout Je monde sa large tabatière. Bientôt arriva un flot de voisins et d'amis, suivi des personnages officiels dont la présence en pareil moment est de rigueur ; c'était le rabbin, le ministre officiant, le *schamess* (bedeau) et l'instituteur.

Il ne manquait plus qu'une seule personne. Elle ne se fit pas attendre. Un homme entra, non sans avoir baisé la *mezouza* fixée à la porte. Cet homme, dont le chapeau était planté sur la nuque de manière à former avec le reste du corps un magnifique angle obtus, cet homme portait une longue redingote grise, un grand gilet à fleurs et un pantalon fort court, laissant voir des bas bleus rayés. Un très mince collier de barbe blanche lui encadrait la figure depuis les tempes, conformément à l'interprétation casuistique de cet article du code mosaïque : « Ne rasez pas autour les extrémités de vos cheveux, ne détruisez pas l'extrémité de la barbe. » Le nouveau-venu s'avança vers les maîtres de la maison d'abord, puis vers la famille Salomon. Il salua celui-ci du *salem alechem* d'usage, et d'un signe de tête seulement les personnes présentes, qui étaient toutes de la localité. Il s'assit ensuite devant la table ronde placée au milieu de la pièce, et où se trouvait à côté d'une écritoire une main de papier. Qu'était-ce que cet homme ? C'était rebb Wolf ; mais expliquons-nous mieux. Rebb Wolf, comme l'indique la particule *rebb* placée devant son nom, est un bachelier en talmud comme il y en a tant dans nos villages. Son industrie, j'en ai dit quelques mots déjà, la voici. Tous les matins, dès dix heures, il va dire sa *schier* (prière de bénédiction) dans un assez grand nombre de maisons aisées. Il a ses abonnés. Il dit aussi des prières dans les maisons mortuaires pour le repos des défunts. Il prépare les enfants à leur initiation religieuse. Il compose en hébreu les inscriptions qu'on place sur les monuments funéraires. C'est lui qui sait avec art, et conformément aux règles du *din* (usage), lier les branches de myrte et de saule au bas du *loulef* qu'on agite à la fête des *cabanes*. Y a-t-il au village quelque malade que les médecins ont condamné : rebb Wolf, aux frais de la famille, se rend, à pied, dans le grand-duché de Hesse-Darmstadt, à Michelstadt, où réside rabbi Saekel le cabaliste. Le vénérable rabbi lui donne alors des talismans de toute sorte. Rebb Wolf les apporte aux malades. Les talismans manquent rarement leur effet. Enfin l'universel rebb Wolf se charge aussi de rédiger, le jour des fiançailles, l'acte de mariage dans la forme voulue. Dans cet acte sont énoncés le chiffre de la dot, les cadeaux que l'on compte se faire réciproquement, et le temps qui séparera les fiançailles du mariage, et qui en général est fixé à un an.

Après avoir écrit longtemps au milieu d'un silence solennel, rebb Wolf se leva et lut à haute voix le contenu des *ténoïm* (acte de mariage). Le mariage devait avoir lieu dans six mois. Rebb Wolf, à qui on avait parlé d'un si court délai, avait résisté d'abord ; mais Schémelé, par l'organe de son père, avait tant insisté sur cette clause que rebb Wolf dut passer condamnation.

On arriva ensuite à l'acte symbolique des fiançailles. *Rebb* Wolf tira de l'immense poche de son gilet un morceau de craie. Avec cette craie, il traça un rond au milieu de la salle. Sur ce rond, il fit placer toutes les personnes présentes. Schémelé était en face de Débora. Rebb Wolf, placé au centre du cercle, présenta à tous les témoins de cette scène un pan de sa redingote que chacun toucha à tour de rôle. Il se dirigea ensuite vers la commode, prit une tasse qui était posée là tout exprès, se replaça au milieu de l'assistance toujours rangée en cercle, éleva le bras sans doute pour augmenter la force d'impulsion, laissa tomber la tasse qui se brisa en mille morceaux et cria à haute voix : *Masel tof* ! Tout le monde répéta en chœur : *Masel tof* ! Et chacun ramassa pour l'emporter un débris de la tasse. Les fiançailles étaient consommées. Ce cercle tracé avec de la craie veut dire que le fiancé et la fiancée ne doivent plus désormais dévier de la ligne où ils sont entrés. Le pan d'habit touché par tous les assistants est, en vertu du droit talmudique, un signe d'assentiment dans toute espèce de transaction possible. La tasse brisée, comme la bouteille que l'on casse le jour du mariage, est une sorte de *mémento mori* en action : il n'y a pas de joie sans deuil. Enfin le mot *masel tof* est une formule hébraïque de félicitation signifiant à peu près : « Que tout soit pour le mieux ! »

Peu d'instants après la cérémonie, le père Nadel et le père Salomon firent entrer Ephraïm dans une pièce voisine. À travers la porte, on entendit retentir un son métallique. Selon la coutume, on réglait immédiatement les honoraires du *schadschen* (agent matrimonial). Conformément au tarif en usage, Éphraïm Schwab reçut 4 pour 100 de la dot. Il rentra rayonnant.

Alors commença le repas des fiançailles, qui se prolongea gaiement au milieu d'éloges unanimes donnés au talent culinaire de la grande Dina. Le dessert m'offrit de nouveau l'occasion d'observer quelques-uns de ces vieux usages dont le culte ne périt pas en Israël. C'est à ce moment du repas que s'échangent les cadeaux de fiançailles. Salomon remit une boîte à son fils, qui l'offrit à sa fiancée : la boîte contenait une broche et une boucle à ceinture en or. Nadel à son tour tira de sa poche un étui en peau de chagrin et le remit à Schémelé : l'étui renfermait une magnifique pipe en écume de mer, avec garniture, couvercle et chaînette en argent. Puis on introduisit le *hazan*, ou chantre de la synagogue, avec ses deux aides, ténor et basse, chargés de l'accompagner. Le chantre entonna un hymne de bénédictions en l'honneur du couple futur. Ce fut le signal d'un petit concert où l'instituteur, M. Baer, joua bientôt le principal rôle. On le pria de faire entendre quelques-unes des anciennes chansons populaires de l'Alsace juive. Sans trop se faire prier, M. Baer commença un de ces chants dont la mélodie plaintive et grave est si caractéristique. Ce fut d'abord l'histoire de la création, suivie de celle du péché de nos premiers pères. « Quand Dieu créa le monde, tout était nuit et ténèbres ; pas de soleil, pas de lune, pas d'étoiles. » Et un peu plus loin : « Le rusé serpent se glissa auprès d'Eve, et, en termes mystérieux : Vous êtes tous deux, Adam et toi, bien à plaindre, puisque ce fruit (la pomme) vous est défendu ! La pomme, je vous le dis, possède une vertu suprême : quiconque en goûte sera doué d'une force divine. Croyez-moi, mangez-en. » Vint ensuite la chanson dite *kalé-lied* (chant de la fiancée) et où l'on retrace ses devoirs à la future épouse. Sous les humbles dehors de cette poésie, qui, comme tout le reste, n'est que de la prose allemande rimée, se cache une morale profonde. Je n'ai jamais pu entendre sans émotion l'air tendre et triste qui accompagne ces paroles :

« Oyez, mes bonnes gens, comment doivent se pratiquer les choses en Israël. Jeune fille, toute sage que tu as été, tu peux avoir commis bien des erreurs. Aussi, en te rendant sous la *houpé* (dais nuptial), dois-tu te lamenter, pleurer et demander pardon à ton père et à ta mère. Fais l'aumône en tout temps, car Dieu est l'ami des nécessiteux. Un pauvre vient-il à frapper à ta porte, ouvre-lui et soulage sa misère. Dieu t'en récompensera : tu seras riche et heureuse, et tu enfanteras sans douleur. »


Le dernier de ces chants populaires de l'Alsace israélite que nous fit entendre l'instituteur était le célèbre chant de *Moïse le Prophète*.


« Qui donc, dans l'univers entier, peut être comparé à Moschè (Moïse) ? L'Éternel s'est entretenu avec lui devant sa tente, et Moselle le vit dans toute sa gloire… Le moment de mourir était venu ; mais Moschè demanda à accompagner son peuple dans la terre promise. Dieu n'y consentit pas. Et Moschè se mit à pleurer du fond de son cœur. Dieu, appelant alors le *malech hamovess* (ange de la mort) : « Va, lui dit-il, descends sur la terre et cherche-moi l'âme de Moschè, fils d'Amram. » Et le *malech hamovess* s'élança du haut des cieux ; sur son glaive brillaient trois gouttes amères. Cependant il ne put entamer le corps du prophète. Alors Dieu lui-même lui ferma les yeux. Quatre anges, la face voilée, l'emportèrent ensuite dans son cercueil à travers les airs. Dieu seul l'ensevelit, après avoir purifié son corps dans la flamme. Et personne en Israël n'a su le lieu de la sépulture du prophète. »

Sous l'influence de cette poésie quelque peu austère, une sorte de recueillement qui tournait presque à la tristesse s'était emparé de l'assemblée. Heureusement il ne manque jamais en pareille occurrence et dans une réunion alsacienne de *loustics* habiles à dérider les fronts les, plus sombres. Un joyeux compère se trouva qui excellait à imiter les cris de tous les animaux. On l'entendit tour à tour hennir comme un cheval, miauler comme un chat, aboyer comme un chien, chanter comme un coq. Il n'en fallut pas davantage pour égayer les convives, et le repas s'acheva, comme il avait commencé, au milieu de la plus franche hilarité.

J'avais donc pu observer dans ses traits caractéristiques un des épisodes en quelque sorte ordinaires de la solennité des *cabanes*. C'est en effet au milieu de ces jours de repos et de douce gaieté que se nouent le plus facilement entre Israélites ces premiers liens, préludes gracieux du mariage, qu'on nomme les fiançailles. La cérémonie traditionnelle que je viens de décrire s'encadre avec une singulière harmonie dans le spectacle animé que présentent alors nos villages, transformés en camps rustiques, où circule, avec l'odeur enivrante des pins, comme un souffle de jeunesse et de vie printanière. Ce que j'ai montré de l'intérieur des familles Salomon et Nadel fait assez présager ce qu'est aujourd'hui, ce que sera dans l'avenir l'existence de Schémelé et de Débora, partagée entre le travail et les paisibles joies domestiques, animée çà et là par les fêtes religieuses, qui sont en quelque sorte autant de périodiques événements pour les villages israélites. C'est le souvenir de ces fêtes si imposantes dans leur originalité naïve que j'emportai surtout en quittant Hegenheim, et j'avoue que je ne m'en éloignai pas sans regret. Je pensais en regagnant

Paris aux beaux vers qui ouvrent *le Divan* de Goethe, et je me disais qu'il est doux quelquefois, au milieu de notre vie inquiète et agitée, d'aller saluer la terre des patriarches et respirer en pleine Europe l'air pur du vieil Orient.

Printed in Great Britain
by Amazon

45577384R00071